TARIFS

DES

DROITS DE CIRCULATION

Vins, Cidres, Hydromels,

Vinaigres et Acides acétiques,

APPLICABLES LE 1ᵉʳ JANVIER 1917

———————◇———————

BIBLIOTHÈQUE DES EMPLOYÉS DES CONTRIBUTIONS INDIRECTES

LIBRAIRIE ADMINISTRATIVE P. OUDIN

POITIERS, RUE SAINT-PIERRE-LE-PUELLIER

—

1917

TARIFS

DES

DROITS DE CIRCULATION

ET DE CONSOMMATION

Vins, Cidres, Hydromels, Alcools, Vins alcoolisés,

Vermouts et Vins de liqueur ou d'imitation,

Vinaigres et Acides acétiques,

APPLICABLES LE 1er JANVIER 1917

———◦∘◦———

BIBLIOTHÈQUE DES EMPLOYÉS DES CONTRIBUTIONS INDIRECTES

LIBRAIRIE ADMINISTRATIVE P. OUDIN

POITIERS, RUE SAINT-PIERRE-LE-PUELLIER

1917

DROITS PERÇUS SUR LES VINS

(EN CERCLES OU EN BOUTEILLES)

à 3 fr. par hectolitre

TARIF PAR LITRES, DEPUIS 1 LITRE JUSQU'A 11 HECTOLITRES 60 LITRES.

QUANTITÉS	DROITS (principal et décimes)	QUANTITÉS	DROITS (principal et décimes)	QUANTITÉS	DROITS (principal et décimes)	QUANTITÉS	DROITS (principal et décimes)
hect. litr.	fr. c.	hect. litr.	fr. c.	hect. litr.	fr. c.	hect. litr.	fr. c.
0 01	0 03	0 41	1 23	0 81	2 43	1 21	3 63
0 02	0 06	0 42	1 26	0 82	2 46	1 22	3 66
0 03	0 09	0 43	1 29	0 83	2 49	1 23	3 69
0 04	0 12	0 44	1 32	0 84	2 52	1 24	3 72
0 05	0 15	0 45	1 35	0 85	2 55	1 25	3 75
0 06	0 18	0 46	1 38	0 86	2 58	1 26	3 78
0 07	0 21	0 47	1 41	0 87	2 61	1 27	3 81
0 08	0 24	0 48	1 44	0 88	2 64	1 28	3 84
0 09	0 27	0 49	1 47	0 89	2 67	1 29	3 87
0 10	0 30	0 50	1 50	0 90	2 70	1 30	3 90
0 11	0 33	0 51	1 53	0 91	2 73	1 31	3 93
0 12	0 36	0 52	1 56	0 92	2 76	1 32	3 96
0 13	0 39	0 53	1 59	0 93	2 79	1 33	3 99
0 14	0 42	0 54	1 62	0 94	2 82	1 34	4 02
0 15	0 45	0 55	1 65	0 95	2 85	1 35	4 05
0 16	0 48	0 56	1 68	0 96	2 88	1 36	4 08
0 17	0 51	0 57	1 71	0 97	2 91	1 37	4 11
0 18	0 54	0 58	1 74	0 98	2 94	1 38	4 14
0 19	0 57	0 59	1 77	0 99	2 97	1 39	4 17
0 20	0 60	0 60	1 80	1 00	3 00	1 40	4 20
0 21	0 63	0 61	1 83	1 01	3 03	1 41	4 23
0 22	0 66	0 62	1 86	1 02	3 06	1 42	4 26
0 23	0 69	0 63	1 89	1 03	3 09	1 43	4 29
0 24	0 72	0 64	1 92	1 04	3 12	1 44	4 32
0 25	0 75	0 65	1 95	1 05	3 15	1 45	4 35
0 26	0 78	0 66	1 98	1 06	3 18	1 46	4 38
0 27	0 84	0 67	2 01	1 07	3 21	1 47	4 41
0 28	0 84	0 68	2 04	1 08	3 24	1 48	4 44
0 29	0 87	0 69	2 07	1 09	3 27	1 49	4 47
0 30	0 90	0 70	2 10	1 10	3 30	1 50	4 50
0 31	0 93	0 71	2 13	1 11	3 33	1 51	4 53
0 32	0 96	0 72	2 16	1 12	3 36	1 52	4 56
0 33	0 99	0 73	2 19	1 13	3 39	1 53	4 59
0 34	1 02	0 74	2 22	1 14	3 42	1 54	4 62
0 35	1 05	0 75	2 25	1 15	3 45	1 55	4 65
0 36	1 08	0 76	2 28	1 16	3 48	1 56	4 68
0 37	1 11	0 77	2 31	1 17	3 51	1 57	4 71
0 38	1 14	0 78	2 34	1 18	3 54	1 58	4 74
0 39	1 17	0 79	2 37	1 19	3 57	1 59	4 77
0 40	1 20	0 80	2 40	1 20	3 60	1 60	4 80

QUANTITÉS	DROITS (principal et décimes)		QUANTITÉS	DROITS (principal et décimes)		QUANTITÉS	DROITS (principal et décimes)		QUANTITÉS	DROITS (principal et décimes)
hect. litr.	fr.	c.	hect. litr.	fr.	c.	hect. litr.	fr.	c.	hect. litr.	fr.	c.
1 61	4	83	2 11	6	33	2 61	7	83	3 11	9	33
1 62	4	86	2 12	6	36	2 62	7	86	3 12	9	36
1 63	4	89	2 13	6	39	2 63	7	89	3 13	9	39
1 64	4	92	2 14	6	42	2 64	7	92	3 14	9	42
1 65	4	95	2 15	6	45	2 65	7	95	3 15	9	45
1 66	4	98	2 16	6	48	2 66	7	98	3 16	9	48
1 67	5	01	2 17	6	51	2 67	8	01	3 17	9	51
1 68	5	04	2 18	6	54	2 68	8	04	3 18	9	54
1 69	5	07	2 19	6	57	2 69	8	07	3 19	9	57
1 70	5	10	2 20	6	60	2 70	8	10	3 20	9	60
1 71	5	13	2 21	6	63	2 71	8	13	3 21	9	63
1 72	5	16	2 22	6	66	2 72	8	16	3 22	9	66
1 73	5	19	2 23	6	69	2 73	8	19	3 23	9	69
1 74	5	22	2 24	6	72	2 74	8	22	3 24	9	72
1 75	5	25	2 25	6	75	2 75	8	25	3 25	9	75
1 76	5	28	2 26	6	78	2 76	8	28	3 26	9	78
1 77	5	31	2 27	6	81	2 77	8	31	3 27	9	81
1 78	5	33	2 28	6	84	2 78	8	34	3 28	9	84
1 79	5	37	2 29	6	87	2 79	8	37	3 29	9	87
1 80	5	40	2 30	6	90	2 80	8	40	3 30	9	90
1 81	5	43	2 31	6	93	2 81	8	43	3 31	9	93
1 82	5	46	2 32	6	96	2 82	8	46	3 32	9	96
1 83	5	49	2 33	6	99	2 83	8	49	3 33	9	99
1 84	5	52	2 34	7	02	2 84	8	52	3 34	10	02
1 85	5	55	2 35	7	05	2 85	8	55	3 35	10	05
1 86	5	58	2 36	7	08	2 86	8	58	3 36	10	08
1 87	5	61	2 37	7	11	2 87	8	61	3 37	10	11
1 88	5	64	2 38	7	14	2 88	8	64	3 38	10	14
1 89	5	67	2 39	7	17	2 89	8	67	3 39	10	17
1 90	5	70	2 40	7	20	2 90	8	70	3 40	10	20
1 91	5	73	2 41	7	23	2 91	8	73	3 41	10	23
1 92	5	76	2 42	7	26	2 92	8	76	3 42	10	26
1 93	5	79	2 43	7	29	2 93	8	79	3 43	10	29
1 94	5	82	2 44	7	32	2 94	8	82	3 44	10	32
1 95	5	85	2 45	7	35	2 95	8	85	3 45	10	35
1 96	5	88	2 46	7	38	2 96	8	88	3 46	10	38
1 97	5	91	2 47	7	41	2 97	8	91	3 47	10	41
1 98	5	94	2 48	7	44	2 98	8	94	3 48	10	44
1 99	5	97	2 49	7	47	2 99	8	97	3 49	10	47
2 00	6	00	2 50	7	50	3 00	9	00	3 50	10	50
2 01	6	03	2 51	7	53	3 01	9	03	3 51	10	53
2 02	6	06	2 52	7	56	3 02	9	06	3 52	10	56
2 03	6	09	2 53	7	59	3 03	9	09	3 53	10	59
2 04	6	12	2 54	7	62	3 04	9	12	3 54	10	62
2 05	6	15	2 55	7	65	3 05	9	15	3 55	10	65
2 06	6	18	2 56	7	68	3 06	9	18	3 56	10	68
2 07	6	21	2 57	7	71	3 07	9	21	3 57	10	71
2 08	6	24	2 58	7	74	3 08	9	24	3 58	10	74
2 09	6	27	2 59	7	77	3 09	9	27	3 59	10	77
2 10	6	30	2 60	7	80	3 10	9	30	3 60	10	80

QUANTITÉS	DROITS (principal et décimes)	QUANTITÉS	DROITS (principal et décimes)	QUANTITÉS	DROITS (principal et décimes)	QUANTITÉS	DROITS (principal et décimes)
hect. litr.	fr. c.	hect. litr.	fr. c.	hect. litr.	fr. c.	hect. litr.	fr. c.
3 61	10 83	4 11	12 33	4 61	13 83	5 11	15 33
3 62	10 86	4 12	12 36	4 62	13 86	5 12	15 36
3 63	10 89	4 13	12 39	4 63	13 89	5 13	15 39
3 64	10 92	4 14	12 42	4 64	13 92	5 14	15 42
3 65	10 95	4 15	12 45	4 65	13 95	5 15	15 45
3 66	10 98	4 16	12 48	4 66	13 98	5 16	15 48
3 67	11 01	4 17	12 51	4 67	14 01	5 17	15 51
3 68	11 04	4 18	12 54	4 68	14 04	5 18	15 54
3 69	11 07	4 19	12 57	4 69	14 07	5 19	15 57
3 70	11 10	4 20	12 60	4 70	14 10	5 20	15 60
3 71	11 13	4 21	12 63	4 71	14 13	5 21	15 63
3 72	11 16	4 22	12 66	4 72	14 16	5 22	15 66
3 73	11 19	4 23	12 69	4 73	14 19	5 23	15 69
3 74	11 22	4 24	12 72	4 74	14 22	5 24	15 72
3 75	11 25	4 25	12 75	4 75	14 25	5 25	15 75
3 76	11 28	4 26	12 78	4 76	14 28	5 26	15 78
3 77	11 31	4 27	12 81	4 77	14 31	5 27	15 81
3 78	11 34	4 28	12 84	4 78	14 34	5 28	15 84
3 79	11 37	4 29	12 87	4 79	14 37	5 29	15 87
3 80	11 40	4 30	12 90	4 80	14 40	5 30	15 90
3 81	11 43	4 31	12 93	4 81	14 43	5 31	15 93
3 82	11 46	4 32	12 96	4 82	14 46	5 32	15 96
3 83	11 49	4 33	12 99	4 83	14 49	5 33	15 99
3 84	11 52	4 34	13 02	4 84	14 52	5 34	16 02
3 85	11 55	4 35	13 05	4 85	14 55	5 35	16 05
3 86	11 58	4 36	13 08	4 86	14 58	5 36	16 08
3 87	11 61	4 37	13 11	4 87	14 61	5 37	16 11
3 88	11 64	4 38	13 14	4 88	14 64	5 38	16 14
3 89	11 67	4 39	13 17	4 89	14 67	5 39	16 17
3 90	11 70	4 40	13 20	4 90	14 70	5 40	16 20
3 91	11 73	4 41	13 23	4 91	14 73	5 41	16 23
3 92	11 76	4 42	13 26	4 92	14 76	5 42	16 26
3 93	11 79	4 43	13 29	4 93	14 79	5 43	16 29
3 94	11 82	4 44	13 32	4 94	14 82	5 44	16 32
3 95	11 85	4 45	13 35	4 95	14 85	5 45	16 35
3 96	11 88	4 46	13 38	4 96	14 88	5 46	16 38
3 97	11 91	4 47	13 41	4 97	14 91	5 47	16 41
3 98	11 94	4 48	13 44	4 98	14 94	5 48	16 44
3 99	11 97	4 49	13 47	4 99	14 97	5 49	16 47
4 00	12 00	4 50	13 50	5 00	15 00	5 50	16 50
4 01	12 03	4 51	13 53	5 01	15 03	5 51	16 53
4 02	12 06	4 52	13 56	5 02	15 06	5 52	16 56
4 03	12 09	4 53	13 59	5 03	15 09	5 53	16 59
4 04	12 12	4 54	13 62	5 04	15 12	5 54	16 62
4 05	12 15	4 55	13 65	5 05	15 15	5 55	16 65
4 06	12 18	4 56	13 68	5 06	15 18	5 56	16 68
4 07	12 21	4 57	13 71	5 07	15 21	5 57	16 71
4 08	12 24	4 58	13 74	5 08	15 24	5 58	16 74
4 09	12 27	4 59	13 77	5 09	15 27	5 59	16 77
4 10	12 30	4 60	13 80	5 10	15 30	5 60	16 80

QUANTITÉS	DROITS (principal et décimes)	QUANTITÉS	DROITS (principal et décimes)	QUANTITÉS	DROITS (principal et décimes)	QUANTITÉS	DROITS (principal et décimes)
hect. litr.	fr. c.	hect. litr.	fr. c.	hect. litr.	fr. c.	hect. litr.	fr. c.
5 61	16 83	6 11	18 33	6 61	19 83	7 11	21 33
5 62	16 86	6 12	18 36	6 62	19 86	7 12	21 36
5 63	16 89	6 13	18 39	6 63	19 89	7 13	21 39
5 64	16 92	6 14	18 42	6 64	19 92	7 14	21 42
5 65	16 95	6 15	18 45	6 65	19 95	7 15	21 45
5 66	16 98	6 16	18 48	6 66	19 98	7 16	21 48
5 67	17 01	6 17	18 51	6 67	20 01	7 17	21 51
5 68	17 04	6 18	18 54	6 68	20 04	7 18	21 54
5 69	17 07	6 19	18 57	6 69	20 07	7 19	21 57
5 70	17 10	6 20	18 60	6 70	20 10	7 20	21 60
5 71	17 13	6 21	18 63	6 71	20 13	7 21	21 63
5 72	17 16	6 22	18 66	6 72	20 16	7 22	21 66
5 73	17 19	6 23	18 69	6 73	20 19	7 23	21 69
5 74	17 22	6 24	18 72	6 74	20 22	7 24	21 72
5 75	17 25	6 25	18 75	6 75	20 25	7 25	21 75
5 76	17 28	6 26	18 78	6 76	20 28	7 26	21 78
5 77	17 31	6 27	18 81	6 77	20 31	7 27	21 81
5 78	17 34	6 28	18 84	6 78	20 34	7 28	21 84
5 79	17 37	6 29	18 87	6 79	20 37	7 29	21 87
5 80	17 40	6 30	18 90	6 80	20 40	7 30	21 90
5 81	17 43	6 31	18 93	6 81	20 43	7 31	21 93
5 82	17 46	6 32	18 96	6 82	20 46	7 32	21 96
5 83	17 49	6 33	18 99	6 83	20 49	7 33	21 99
5 84	17 52	6 34	19 02	6 84	20 52	7 34	22 02
5 85	17 55	6 35	19 05	6 85	20 55	7 35	22 05
5 86	17 58	6 36	19 08	6 86	20 58	7 36	22 08
5 87	17 61	6 37	19 11	6 87	20 61	7 37	22 11
5 88	17 64	6 38	19 14	6 88	20 64	7 38	22 14
5 89	17 67	6 39	19 17	6 89	20 67	7 39	22 17
5 90	17 70	6 40	19 20	6 90	20 70	7 40	22 20
5 91	17 73	6 41	19 23	6 91	20 73	7 41	22 23
5 92	17 76	6 42	19 26	6 92	20 76	7 42	22 26
5 93	17 79	6 43	19 29	6 93	20 79	7 43	22 29
5 94	17 82	6 44	19 32	6 94	20 82	7 44	22 32
5 95	17 85	6 45	19 35	6 95	20 85	7 45	22 35
5 96	17 88	6 46	19 38	6 96	20 88	7 46	22 38
5 97	17 91	6 47	19 41	6 97	20 91	7 47	22 41
5 98	17 94	6 48	19 44	6 98	20 94	7 48	22 44
5 99	17 97	6 49	19 47	6 99	20 97	7 49	22 47
6 00	18 00	6 50	19 50	7 00	21 00	7 50	22 50
6 01	18 03	6 51	19 53	7 01	21 03	7 51	22 53
6 02	18 06	6 52	19 56	7 02	21 06	7 52	22 56
6 03	18 09	6 53	19 59	7 03	21 09	7 53	22 59
6 04	18 12	6 54	19 62	7 04	21 12	7 54	22 62
6 05	18 15	6 55	19 65	7 05	21 15	7 55	22 65
6 06	18 18	6 56	19 68	7 06	21 18	7 56	22 68
6 07	18 21	6 57	19 71	7 07	21 21	7 57	22 71
6 08	18 24	6 58	19 74	7 08	21 24	7 58	22 74
6 09	18 27	6 59	19 77	7 09	21 27	7 59	22 77
6 10	18 30	6 60	19 80	7 10	21 30	7 60	22 80

QUANTITÉS	DROITS (principal et décimes)	QUANTITÉS	DROITS (principal et décimes)	QUANTITÉS	DROITS (principal et décimes)	QUANTITÉS	DROITS (principal et décimes)
hect. litr.	fr. c.	hect. litr.	fr. c.	hect. litr.	fr. c.	hect. litr.	fr. c.
7 61	22 83	8 11	24 33	8 61	25 83	9 11	27 33
7 62	22 86	8 12	24 36	8 62	25 86	9 12	27 36
7 63	22 89	8 13	24 39	8 63	25 89	9 13	27 39
7 64	22 92	8 14	24 42	8 64	25 92	9 14	27 42
7 65	22 95	8 15	24 45	8 65	25 95	9 15	27 45
7 66	22 98	8 16	24 48	8 66	25 98	9 16	27 48
7 67	23 01	8 17	24 51	8 67	26 01	9 17	27 51
7 68	23 04	8 18	24 54	8 68	26 04	9 18	27 54
7 69	23 07	8 19	24 57	8 69	26 07	9 19	27 57
7 70	23 10	8 20	24 60	8 70	26 10	9 20	27 60
7 71	23 13	8 21	24 63	8 71	26 13	9 21	27 63
7 72	23 16	8 22	24 66	8 72	26 16	9 22	27 66
7 73	23 19	8 23	24 69	8 73	26 19	9 23	27 69
7 74	23 22	8 24	24 72	8 74	26 22	9 24	27 72
7 75	23 25	8 25	24 75	8 75	26 25	9 25	27 75
7 76	23 28	8 26	24 78	8 76	26 28	9 26	27 78
7 77	23 31	8 27	24 81	8 77	26 31	9 27	27 81
7 78	23 34	8 28	24 84	8 78	26 34	9 28	27 84
7 79	23 37	8 29	24 87	8 79	26 37	9 29	27 87
7 80	23 40	8 30	24 90	8 80	26 40	9 30	27 90
7 81	23 43	8 31	24 93	8 81	26 43	9 31	27 93
7 82	23 46	8 32	24 96	8 82	26 46	9 32	27 96
7 83	23 49	8 33	24 99	8 83	26 49	9 33	27 99
7 84	23 52	8 34	24 02	8 84	26 52	9 34	28 02
7 85	23 55	8 35	25 05	8 85	26 55	9 35	28 05
7 86	23 58	8 36	25 08	8 86	26 58	9 36	28 08
7 87	23 61	8 37	25 11	8 87	26 61	9 37	28 11
7 88	23 64	8 38	25 14	8 88	26 64	9 38	28 14
7 89	23 67	8 39	25 17	8 89	26 67	9 39	28 17
7 90	23 70	8 40	25 20	8 90	26 70	9 40	28 20
7 91	23 73	8 41	25 23	8 91	26 73	9 41	28 23
7 92	23 76	8 42	25 26	8 92	26 76	9 42	28 26
7 93	23 79	8 43	25 29	8 93	26 79	9 43	28 29
7 94	23 82	8 44	25 32	8 94	26 82	9 44	28 32
7 95	23 85	8 45	25 35	8 95	26 85	9 45	28 35
7 96	23 88	8 46	25 38	8 96	26 88	9 46	28 38
7 97	23 91	8 47	25 41	8 97	26 91	9 47	28 41
7 98	23 94	8 48	25 44	8 98	26 94	9 48	28 44
7 99	23 97	8 49	25 47	8 99	26 97	9 49	28 47
8 00	24 00	8 50	25 50	9 00	27 00	9 50	28 50
8 01	24 03	8 51	25 53	9 01	27 03	9 51	28 53
8 02	24 06	8 52	25 56	9 02	27 06	9 52	28 56
8 03	24 09	8 53	25 59	9 03	27 09	9 53	28 59
8 04	24 12	8 54	25 62	9 04	27 12	9 54	28 62
8 05	24 15	8 55	25 65	9 05	27 15	9 55	28 65
8 06	24 18	8 56	25 68	9 06	27 18	9 56	28 68
8 07	24 21	8 57	25 71	9 07	27 21	9 57	28 71
8 08	24 24	8 58	25 74	9 08	27 24	9 58	28 74
8 09	24 27	8 59	25 77	9 09	27 27	9 59	28 77
8 10	24 30	8 60	25 80	9 10	27 30	9 60	28 80

QUANTITÉS	DROITS (principal et décimes)	QUANTITÉS	DROITS (principal et décimes)	QUANTITÉS	DROITS (principal et décimes)	QUANTITÉS	DROITS (principal et décimes)
hect. litr.	fr. c.	hect. litr.	fr. c.	hect. litr.	fr. c.	hect. litr.	fr. c.
9 61	28 83	10 11	30 33	10 61	31 83	11 11	33 33
9 62	28 86	10 12	30 36	10 62	31 86	11 12	33 36
9 63	28 89	10 13	30 39	10 63	31 89	11 13	33 39
9 64	28 92	10 14	30 42	10 64	31 92	11 14	33 42
9 65	28 95	10 15	30 45	10 65	31 95	11 15	33 45
9 66	28 98	10 16	30 48	10 66	31 98	11 16	33 48
9 67	29 01	10 17	30 51	10 67	32 01	11 17	33 51
9 68	29 04	10 18	30 54	10 68	32 04	11 18	33 54
9 69	29 07	10 19	30 57	10 69	32 07	11 19	33 57
9 70	29 10	10 20	30 60	10 70	32 10	11 20	33 60
9 71	29 13	10 21	30 63	10 71	32 13	11 21	33 63
9 72	29 16	10 22	30 66	10 72	32 16	11 22	33 66
9 73	29 19	10 23	30 69	10 73	32 19	11 23	33 69
9 74	29 22	10 24	30 72	10 74	32 22	11 24	33 72
9 75	29 25	10 25	30 75	10 75	32 25	11 25	33 75
9 76	29 28	10 26	30 78	10 76	32 28	11 26	33 78
9 77	29 31	10 27	30 81	10 77	32 31	11 27	33 81
9 78	29 34	10 28	30 84	10 78	32 34	11 28	33 84
9 79	29 37	10 29	30 87	10 79	32 37	11 29	33 87
9 80	29 40	10 30	30 90	10 80	32 40	11 30	33 90
9 81	29 43	10 31	30 93	10 81	32 43	11 31	33 93
9 82	29 46	10 32	30 96	10 82	32 46	11 32	33 96
9 83	29 49	10 33	30 99	10 83	32 49	11 33	33 99
9 84	29 52	10 34	31 02	10 84	32 52	11 34	34 02
9 85	29 55	10 35	31 05	10 85	32 55	11 35	31 05
9 86	29 58	10 36	31 08	10 86	32 58	11 36	34 08
9 87	29 61	10 37	31 11	10 87	32 61	11 37	34 11
9 88	29 64	10 38	31 14	10 88	32 64	11 38	34 14
9 89	29 67	10 39	31 17	10 89	32 67	11 39	34 17
9 90	29 70	10 40	31 20	10 90	32 70	11 40	34 20
9 91	29 73	10 41	31 23	10 91	32 73	11 41	34 23
9 92	29 76	10 42	31 26	10 92	32 76	11 42	34 26
9 93	29 79	10 43	31 29	10 93	32 79	11 43	34 29
9 94	29 82	10 44	31 32	10 94	32 82	11 44	34 32
9 95	29 85	10 45	31 35	10 95	32 85	11 45	34 35
9 96	29 88	10 46	31 38	10 96	32 88	11 46	34 38
9 97	29 91	10 47	31 41	10 97	32 91	11 47	34 41
9 98	29 94	10 48	31 44	10 98	32 94	11 48	34 44
9 99	29 97	10 49	31 47	10 99	32 97	11 49	34 47
10 00	30 00	10 50	31 50	11 00	33 00	11 50	34 50
10 01	30 03	10 51	31 53	11 01	33 03	11 51	34 53
10 02	30 06	10 52	31 56	11 02	33 06	11 52	34 56
10 03	30 09	10 53	31 59	11 03	33 09	11 53	34 59
10 04	30 12	10 54	31 62	11 04	33 12	11 54	34 62
10 05	30 15	10 55	31 65	11 05	33 15	11 55	34 65
10 06	30 18	10 56	31 68	11 06	33 18	11 56	34 68
10 07	30 21	10 57	31 71	11 07	33 21	11 57	34 71
10 08	30 24	10 58	31 74	11 08	33 24	11 58	34 74
10 09	30 27	10 59	31 77	11 09	33 27	11 59	34 77
10 10	30 30	10 60	31 80	11 10	33 30	11 60	34 80

DROITS PERÇUS SUR LES CIDRES

POIRÉS ET HYDROMELS

TARIF PAR LITRES, DEPUIS 1 LITRE JUSQU'A 10 HECTOLITRES 80 LITRES

QUANTITÉS	DROITS à 1 fr. 60	QUANTITÉS	DROITS à 1 fr. 60	QUANTITÉS	DROITS à 1 fr. 60	QUANTITÉS	DROITS à 1 fr. 60	QUANTITÉS	DROITS à 1 fr. 60
hect. lit.	fr. c.	hect. lit.	fr. c.	hect. lit.	fr. c.	hect. lit.	fr. c.	hect. lit.	fr. c.
» 01	» 02	» 41	» 67	» 81	1 30	1 21	1 94	1 61	2 58
» 02	» 04	» 42	» 68	» 82	1 32	1 22	1 96	1 62	2 60
» 03	» 05	» 43	» 69	» 83	1 33	1 23	1 97	1 63	2 61
» 04	» 07	» 44	» 71	» 84	1 35	1 24	1 99	1 64	2 63
» 05	» 08	» 45	» 72	» 85	1 36	1 25	2 00	1 65	2 64
» 06	» 10	» 46	» 74	» 86	1 38	1 26	2 02	1 66	2 66
» 07	» 12	» 47	» 76	» 87	1 39	1 27	2 04	1 67	2 68
» 08	» 13	» 48	» 77	» 88	1 41	1 28	2 05	1 68	2 69
» 09	» 15	» 49	» 79	» 89	1 43	1 29	2 07	1 69	2 71
» 10	» 16	» 50	» 80	» 90	1 44	1 30	2 08	1 70	2 72
» 11	» 18	» 51	» 82	» 91	1 46	1 31	2 10	1 71	2 74
» 12	» 20	» 52	» 84	» 92	1 47	1 32	2 12	1 72	2 76
» 13	» 21	» 53	» 85	» 93	1 49	1 33	2 13	1 73	2 77
» 14	» 23	» 54	» 87	» 94	1 51	1 34	2 15	1 74	2 79
» 15	» 24	» 55	» 88	» 95	1 52	1 35	2 16	1 75	2 80
» 16	» 26	» 56	» 90	» 96	1 54	1 36	2 18	1 76	2 82
» 17	» 28	» 57	» 92	» 97	1 56	1 37	2 20	1 77	2 84
» 18	» 29	» 58	» 93	» 98	1 57	1 38	2 21	1 78	2 85
» 19	» 31	» 59	» 95	» 99	1 59	1 39	2 23	1 79	2 87
» 20	» 32	» 60	» 96	1 00	1 60	1 40	2 24	1 80	2 88
» 21	» 34	» 61	» 98	1 01	1 62	1 41	2 26	1 81	2 90
» 22	» 36	» 62	1 00	1 02	1 64	1 42	2 28	1 82	2 92
» 23	» 37	» 63	1 01	1 03	1 65	1 43	2 29	1 83	2 93
» 24	» 39	» 64	1 03	1 04	1 67	1 44	2 31	1 84	2 95
» 25	» 40	» 65	1 04	1 05	1 68	1 45	2 32	1 85	2 96
» 26	» 42	» 66	1 06	1 06	1 70	1 46	2 34	1 86	2 98
» 27	» 43	» 67	1 07	1 07	1 72	1 47	2 36	1 87	3 00
» 28	» 45	» 68	1 09	1 08	1 73	1 48	2 37	1 88	3 02
» 29	» 47	» 69	1 11	1 09	1 75	1 49	2 39	1 89	3 03
» 30	» 48	» 70	1 12	1 10	1 76	1 50	2 40	1 90	3 04
» 31	» 50	» 71	1 14	1 11	1 78	1 51	2 42	1 91	3 06
» 32	» 52	» 72	1 16	1 12	1 80	1 52	2 44	1 92	3 08
» 33	» 53	» 73	1 17	1 13	1 81	1 53	2 45	1 93	3 09
» 34	» 55	» 74	1 19	1 14	1 83	1 54	2 47	1 94	3 11
» 35	» 56	» 75	1 20	1 15	1 84	1 55	2 48	1 95	3 12
» 36	» 58	» 76	1 22	1 16	1 86	1 56	2 50	1 96	3 14
» 37	» 60	» 77	1 24	1 17	1 88	1 57	2 52	1 97	3 16
» 38	» 61	» 78	1 25	1 18	1 89	1 58	2 53	1 98	3 17
» 39	» 63	» 79	1 27	1 19	1 91	1 59	2 55	1 99	3 19
» 40	» 64	» 80	1 28	1 20	1 92	1 60	2 56	2 00	3 20

QUANTITÉS	DROITS à 1 fr. 60	QUANTITÉS	DROITS à 1 fr. 60	QUANTITÉS	DROITS à 1 fr. 60	QUANTITÉS	DROITS à 1 fr. 60	QUANTITÉS	DROITS à 1 fr. 60
hect. lit.	fr. c.	hect. lit.	fr. c.	hect. lit.	fr. c.	hect. lit.	f	hect. lit.	fr. c.
2 01	3 22	2 51	4 02	3 01	4 82	3 51	5 62	4 01	6 42
2 02	3 24	2 52	4 04	3 02	4 84	3 52	5 64	4 02	6 44
2 03	3 25	2 53	4 05	3 03	4 85	3 53	5 65	4 03	6 45
2 04	3 27	2 54	4 07	3 04	4 87	3 54	5 67	4 04	6 47
2 05	3 28	2 55	4 08	3 05	4 88	3 55	5 68	4 05	6 48
2 06	3 30	2 56	4 10	3 06	4 90	3 56	5 70	4 06	6 50
2 07	3 32	2 57	4 12	3 07	4 92	3 57	5 72	4 07	6 52
2 08	3 33	2 58	4 13	3 08	4 93	3 58	5 73	4 08	6 53
2 09	3 35	2 59	4 15	3 09	4 95	3 59	5 75	4 09	6 55
2 10	3 36	2 60	4 16	3 10	4 96	3 60	5 76	4 10	6 56
2 11	3 38	2 61	4 18	3 11	4 98	3 61	5 78	4 11	6 58
2 12	3 40	2 62	4 20	3 12	5 00	3 62	5 80	4 12	6 60
2 13	3 41	2 63	4 21	3 13	5 01	3 63	5 81	4 13	6 61
2 14	3 43	2 64	4 23	3 14	5 03	3 64	5 83	4 14	6 63
2 15	3 44	2 65	4 24	3 15	5 04	3 65	5 84	4 15	6 64
2 16	3 46	2 66	4 26	3 16	5 06	3 66	5 86	4 16	6 66
2 17	3 48	2 67	4 28	3 17	5 08	3 67	5 88	4 17	6 68
2 18	3 49	2 68	4 29	3 18	5 09	3 68	5 89	4 18	6 69
2 19	3 51	2 69	4 31	3 19	5 11	3 69	5 91	4 19	6 71
2 20	3 52	2 70	4 32	3 20	5 12	3 70	5 92	4 20	6 72
2 21	3 54	2 71	4 34	3 21	5 14	3 71	5 94	4 21	6 74
2 22	3 56	2 72	4 36	3 22	5 16	3 72	5 96	4 22	6 76
2 23	3 57	2 73	4 37	3 23	5 17	3 73	5 97	4 23	6 77
2 24	3 59	2 74	4 39	3 24	5 19	3 74	5 99	4 24	6 79
2 25	3 60	2 75	4 40	3 25	5 20	3 75	6 00	4 25	6 80
2 26	3 62	2 76	4 42	3 26	5 22	3 76	6 02	4 26	6 82
2 27	3 64	2 77	4 44	3 27	5 24	3 77	6 04	4 27	6 84
2 28	3 65	2 78	4 45	3 28	5 25	3 78	6 05	4 28	6 85
2 29	3 67	2 79	4 47	3 29	5 27	3 79	6 07	4 29	6 87
2 30	3 68	2 80	4 48	3 30	5 28	3 80	6 08	4 30	6 88
2 31	3 70	2 81	4 50	3 31	5 30	3 81	6 10	4 31	6 90
2 32	3 72	2 82	4 52	3 32	5 32	3 82	6 12	4 32	6 92
2 33	3 73	2 83	4 53	3 33	5 33	3 83	6 13	4 33	6 93
2 34	3 75	2 84	4 55	3 34	5 35	3 84	6 15	4 34	6 95
2 35	3 76	2 85	4 56	3 35	5 36	3 85	6 16	4 35	6 96
2 36	3 78	2 86	4 58	3 36	5 38	3 86	6 18	4 36	6 98
2 37	3 80	2 87	4 60	3 37	5 40	3 87	6 20	4 37	7 00
2 38	3 81	2 88	4 61	3 38	5 41	3 88	6 21	4 38	7 01
2 39	3 83	2 89	4 63	3 39	5 43	3 89	6 23	4 39	7 03
2 40	3 84	2 90	4 64	3 40	5 44	3 90	6 24	4 40	7 04
2 41	3 86	2 91	4 66	3 41	5 46	3 91	6 26	4 41	7 06
2 42	3 88	2 92	4 68	3 42	5 48	3 92	6 28	4 42	7 08
2 43	3 89	2 93	4 69	3 43	5 49	3 93	6 29	4 43	7 09
2 44	3 91	2 94	4 71	3 44	5 51	3 94	6 31	4 44	7 11
2 45	3 92	2 95	4 72	3 45	5 52	3 95	6 32	4 45	7 12
2 46	3 94	2 96	4 74	3 46	5 54	3 96	6 34	4 46	7 14
2 47	3 96	2 97	4 76	3 47	5 56	3 97	6 36	4 47	7 16
2 48	3 97	2 98	4 77	3 48	5 57	3 98	6 37	4 48	7 17
2 49	3 99	2 99	4 79	3 49	5 59	3 99	6 39	4 49	7 19
2 50	4 00	3 00	4 80	3 50	5 60	4 00	6 40	4 50	7 20

QUANTITÉS	DROITS à 1 fr. 60	QUANTITÉS	DROITS à 1 fr. 60	QUANTITÉS	DROITS à 1 fr. 60	QUANTITÉS	DROITS à 1 fr. 60	QUANTITÉS	DROITS à 1 fr. 60
hect. lit.	fr. c.	hect. lit.	fr. c.	hect. lit.	fr. c.	hect. lit.	fr. c.	hect. lit.	fr. c.
4 51	7 22	5 01	8 02	5 51	8 82	6 01	9 62	6 51	10 42
4 52	7 24	5 02	8 04	5 52	8 84	6 02	9 64	6 52	10 44
4 53	7 25	5 03	8 05	5 53	8 85	6 03	9 65	6 53	10 45
4 54	7 27	5 04	8 07	5 54	8 87	6 04	9 67	6 54	10 47
4 55	7 28	5 05	8 08	5 55	8 88	6 05	9 68	6 55	10 48
4 56	7 30	5 06	8 10	5 56	8 90	6 06	9 70	6 56	10 50
4 57	7 32	5 07	8 12	5 57	8 92	6 07	9 72	6 57	10 52
4 58	7 33	5 08	8 13	5 58	8 93	6 08	9 73	6 58	10 53
4 59	7 35	5 09	8 15	5 59	8 95	6 09	9 75	6 59	10 55
4 60	7 36	5 10	8 16	5 60	8 96	6 10	9 76	6 60	10 56
4 61	7 38	5 11	8 18	5 61	8 98	6 11	9 78	6 61	10 58
4 62	7 40	5 12	8 20	5 62	9 00	6 12	9 80	6 62	10 60
4 63	7 41	5 13	8 21	5 63	9 01	6 13	9 81	6 63	10 61
4 64	7 43	5 14	8 23	5 64	9 03	6 14	9 83	6 64	10 63
4 65	7 44	5 15	8 24	5 65	9 04	6 15	9 84	6 65	10 64
4 66	7 46	5 16	8 26	5 66	9 06	6 16	9 86	6 66	10 66
4 67	7 48	5 17	8 28	5 67	9 08	6 17	9 88	6 67	10 68
4 68	7 49	5 18	8 29	5 68	9 09	6 18	9 89	6 68	10 69
4 69	7 51	5 19	8 31	5 69	9 11	6 19	9 91	6 69	10 71
4 70	7 52	5 20	8 32	5 70	9 12	6 20	9 92	6 70	10 72
4 71	7 54	5 21	8 34	5 71	9 14	6 21	9 94	6 71	10 74
4 72	7 56	5 22	8 36	5 72	9 16	6 22	9 96	6 72	10 76
4 73	7 57	5 23	8 37	5 73	9 17	6 23	9 97	6 73	10 77
4 74	7 59	5 24	8 39	5 74	9 19	6 24	9 99	6 74	10 79
4 75	7 60	5 25	8 40	5 75	9 20	6 25	10 00	6 75	10 80
4 76	7 62	5 26	8 42	5 76	9 22	6 26	10 02	6 76	10 82
4 77	7 64	5 27	8 44	5 77	9 24	6 27	10 04	6 77	10 84
4 78	7 65	5 28	8 45	5 78	9 25	6 28	10 05	6 78	10 85
4 79	7 67	5 29	8 47	5 79	9 27	6 29	10 07	6 79	10 87
4 80	7 68	5 30	8 48	5 80	9 28	6 30	10 08	6 80	10 88
4 81	7 70	5 31	8 50	5 81	9 30	6 31	10 10	6 81	10 90
4 82	7 72	5 32	8 52	5 82	9 32	6 32	10 12	6 82	10 92
4 83	7 73	5 33	8 53	5 83	9 33	6 33	10 13	6 83	10 93
4 84	7 75	5 34	8 55	5 84	9 35	6 34	10 15	6 84	10 95
4 85	7 76	5 35	8 56	5 85	9 36	6 35	10 16	6 85	10 96
4 86	7 78	5 36	8 58	5 86	9 38	6 36	10 18	6 86	10 98
4 87	7 80	5 37	8 60	5 87	9 40	6 37	10 20	6 87	11 00
4 88	7 81	5 38	8 61	5 88	9 41	6 38	10 21	6 88	11 01
4 89	7 83	5 39	8 63	5 89	9 43	6 39	10 23	6 89	11 03
4 90	7 84	5 40	8 64	5 90	9 44	6 40	10 24	6 90	11 04
4 91	7 86	5 41	8 66	5 91	9 46	6 41	10 26	6 91	11 06
4 92	7 88	5 42	8 68	5 92	9 48	6 42	10 28	6 92	11 08
4 93	7 89	5 43	8 69	5 93	9 49	6 43	10 29	6 93	11 09
4 94	7 91	5 44	8 71	5 94	9 51	6 44	10 31	6 94	11 11
4 95	7 92	5 45	8 72	5 95	9 52	6 45	10 32	6 95	11 12
4 96	7 94	5 46	8 74	5 96	9 54	6 46	10 34	6 96	11 14
4 97	7 96	5 47	8 76	5 97	9 56	6 47	10 36	6 97	11 16
4 98	7 97	5 48	8 77	5 98	9 57	6 48	10 37	6 98	11 17
4 99	7 99	5 49	8 79	5 99	9 59	6 49	10 39	6 99	11 19
5 00	8 00	5 50	8 80	6 00	9 60	6 50	10 40	7 00	11 20

QUANTITÉS	DROITS à 1 fr. 60	QUANTITÉS	DROITS à 1 fr. 60	QUANTITÉS	DROITS à 1 fr. 60	QUANTITÉS	DROITS à 1 fr. 60	QUANTITÉS	DROITS à 1 fr. 60
hect. lit.	fr. c.	hect. lit.	fr. c.	hect. lit.	fr. c.	hect. lit.	fr. c.	hect. lit	fr. c.
7 01	11 22	7 51	12 02	8 01	12 82	8 51	13 62	9 01	14 42
7 02	11 24	7 52	12 04	8 02	12 84	8 52	13 64	9 02	14 44
7 03	11 25	7 53	12 05	8 03	12 85	8 53	13 65	9 03	14 45
7 04	11 27	7 54	12 07	8 04	12 87	8 54	13 67	9 04	14 47
7 05	11 28	7 55	12 08	8 05	12 88	8 55	13 68	9 05	14 48
7 06	11 30	7 56	12 10	8 06	12 90	8 56	13 70	9 06	14 50
7 07	11 32	7 57	12 12	8 07	12 92	8 57	13 72	9 07	14 52
7 08	11 33	7 58	12 13	8 08	12 93	8 58	13 73	9 08	14 53
7 09	11 35	7 59	12 15	8 09	12 95	8 59	13 75	9 09	14 55
7 10	11 36	7 60	12 16	8 10	12 96	8 60	13 76	9 10	14 56
7 11	11 38	7 61	12 18	8 11	12 98	8 61	13 78	9 11	14 58
7 12	11 40	7 62	12 20	8 12	13 00	8 62	13 80	9 12	14 60
7 13	11 41	7 63	12 21	8 13	13 01	8 63	13 81	9 13	14 61
7 14	11 43	7 64	12 23	8 14	13 03	8 64	13 83	9 14	14 63
7 15	11 44	7 65	12 24	8 15	13 04	8 65	13 84	9 15	14 64
7 16	11 46	7 66	12 26	8 16	13 06	8 66	13 86	9 16	14 66
7 17	11 48	7 67	12 28	8 17	13 08	8 67	13 88	9 17	14 68
7 18	11 49	7 68	12 29	8 18	13 09	8 68	13 89	9 18	14 69
7 19	11 51	7 69	12 31	8 19	13 11	8 69	13 91	9 19	14 71
7 20	11 52	7 70	12 32	8 20	13 12	8 70	13 92	9 20	14 72
7 21	11 54	7 71	12 34	8 21	13 14	8 71	13 94	9 21	14 74
7 22	11 56	7 72	12 36	8 22	13 16	8 72	13 96	9 22	14 76
7 23	11 57	7 73	12 37	8 23	13 17	8 73	13 97	9 23	14 77
7 24	11 59	7 74	12 39	8 24	13 19	8 74	13 99	9 24	14 79
7 25	11 60	7 75	12 40	8 25	13 20	8 75	14 00	9 25	14 80
7 26	11 62	7 76	12 42	8 26	13 22	8 76	14 02	9 26	14 82
7 27	11 64	7 77	12 44	8 27	13 24	8 77	14 04	9 27	14 84
7 28	11 65	7 78	12 45	8 28	13 25	8 78	14 05	9 28	14 85
7 29	11 67	7 79	12 47	8 29	13 27	8 79	14 07	9 29	14 87
7 30	11 68	7 80	12 48	8 30	13 28	8 80	14 08	9 30	14 88
7 31	11 70	7 81	12 50	8 31	13 30	8 81	14 10	9 31	14 90
7 32	11 72	7 82	12 52	8 32	13 32	8 82	14 12	9 32	15 92
7 33	11 73	7 83	12 53	8 33	13 33	8 83	14 13	9 33	14 93
7 34	11 75	7 84	12 55	8 34	13 35	8 84	14 15	9 34	14 95
7 35	11 76	7 85	12 56	8 35	13 36	8 85	14 16	9 35	14 96
7 36	11 78	7 86	12 58	8 36	13 38	8 86	14 18	9 36	14 98
7 37	11 80	7 87	12 60	8 37	13 40	8 87	14 20	9 37	15 00
7 38	11 81	7 88	12 61	8 38	13 41	8 88	14 21	9 38	15 01
7 39	11 83	7 89	12 63	8 39	13 43	8 89	14 23	9 39	15 03
7 40	11 84	7 90	12 64	8 40	13 44	8 90	14 24	9 40	15 04
7 41	11 86	7 91	12 66	8 41	13 46	8 91	14 26	9 41	15 06
7 42	11 88	7 92	12 68	8 42	13 48	8 92	14 28	9 42	15 08
7 43	11 89	7 93	12 69	8 43	13 49	8 93	14 29	9 43	15 09
7 44	11 91	7 94	12 71	8 44	13 51	8 94	14 31	9 44	15 11
7 45	11 92	7 95	12 72	8 45	13 52	8 95	14 32	9 45	15 12
7 46	11 94	7 96	12 74	8 46	13 54	8 96	14 34	9 46	15 14
7 47	11 96	7 97	12 76	8 47	13 56	8 97	14 36	9 47	15 16
7 48	11 97	7 98	12 77	8 48	13 57	8 98	14 37	9 48	15 17
7 49	11 99	7 99	12 79	8 49	13 59	8 99	14 39	9 49	15 19
7 50	12 00	8 00	12 80	8 50	13 60	9 00	14 40	9 50	15 20

DROITS PERÇUS SUR LES VINAIGRES

TARIFS PAR LITRES OU KILOGRAMMES.

QUANTITÉS	De 8 p. 100 et au-dessous à 5 fr.	De 9 à 12 p. 100 à 7 fr. 50	De 13 à 16 p. 100 à 10 fr.	QUANTITÉS	De 8 p. 100 et au-dessous à 5 fr.	De 9 à 12 p. 100 à 7 fr. 50	De 13 à 16 p. 100 à 10 fr.
litr. ou kilog.	fr. c.	fr. c.	fr. c.	litr. ou kilog.	fr. c.	fr. c.	fr. c.
1	» 05	» 08	» 10	41	2 05	3 08	4 10
2	» 10	» 15	» 20	42	2 10	3 15	4 20
3	» 15	» 23	» 30	43	2 15	3 23	4 30
4	» 20	» 30	» 40	44	2 20	3 30	4 40
5	» 25	» 28	» 50	45	2 25	3 38	4 50
6	» 30	» 45	» 60	46	2 30	3 45	4 60
7	» 35	» 53	» 70	47	2 35	3 53	4 70
8	» 40	» 60	» 80	48	2 40	3 60	4 80
9	» 45	» 68	» 90	49	2 45	3 68	4 90
10	» 50	» 75	1 00	50	2 50	3 75	5 00
11	» 55	» 83	1 10	51	2 55	3 83	5 10
12	» 60	» 90	1 20	52	2 60	3 90	5 20
13	» 65	» 98	1 30	53	2 65	3 98	5 30
14	» 70	1 05	1 40	54	2 70	4 05	5 40
15	» 75	1 13	1 50	55	2 75	4 13	5 50
16	» 80	1 20	1 60	56	2 80	4 20	5 60
17	» 85	1 28	1 70	57	2 85	4 28	5 70
18	» 90	1 35	1 80	58	2 90	4 35	5 80
19	» 95	1 43	1 90	59	2 95	4 43	5 90
20	1 00	1 50	2 00	60	3 00	4 50	6 00
21	1 05	1 58	2 10	61	3 05	4 58	6 40
22	1 10	1 65	2 20	62	3 10	4 65	6 20
23	1 15	1 73	2 30	63	3 15	4 73	6 30
24	1 20	1 80	2 40	64	3 20	4 80	6 40
25	1 25	1 88	2 50	65	3 25	4 88	6 50
26	1 30	1 95	2 60	66	3 30	4 95	6 60
27	1 35	2 03	2 70	67	3 35	5 03	6 70
28	1 40	2 10	2 80	68	3 40	5 10	6 80
29	1 45	2 18	2 90	69	3 45	5 18	6 90
30	1 50	2 25	3 00	70	3 50	5 25	7 00
31	1 55	2 33	3 10	71	3 55	5 33	7 40
32	1 60	2 40	3 20	72	3 60	5 40	7 20
33	1 65	2 48	3 30	73	3 65	5 48	7 30
34	1 70	2 55	3 40	74	3 70	5 55	7 40
35	1 75	2 63	3 50	75	3 75	5 63	7 50
36	1 80	2 70	3 60	76	3 80	5 70	7 60
37	1 85	2 78	3 70	77	3 85	5 78	7 70
38	1 90	2 85	3 80	78	3 90	5 85	7 80
39	1 95	2 93	3 90	79	3 95	5 93	7 90
40	2 00	3 00	4 00	80	4 00	6 00	8 00

QUANTITÉS	De 8 p. 100 et au-dessous à 5 fr.	De 9 à 12 p. 100 à 7 fr. 50	De 13 à 16 p. 100 à 10 fr.	QUANTITÉS	De 8 p. 100 et au-dessous à 5 fr.	De 9 à 12 p. 100 à 7 fr. 50	De 13 à 16 p. 100 à 10 fr.
litr. ou kilog.	fr. c.	fr. c.	fr. c.	litr. ou kilog.	fr. c.	fr. c.	fr. c.
81	4 05	6 08	8 10	131	6 55	9 83	13 10
82	4 10	6 15	8 20	132	6 60	9 90	13 20
83	4 15	6 23	8 30	133	6 65	9 98	13 30
84	4 20	6 30	8 40	134	6 70	10 05	13 40
85	4 25	6 38	8 50	135	6 75	10 13	13 50
86	4 30	6 45	8 60	136	6 80	10 20	13 60
87	4 35	6 53	8 70	137	6 85	10 28	13 70
88	4 40	6 60	8 80	138	6 90	10 35	13 80
89	4 45	6 68	8 90	139	6 95	10 43	13 90
90	4 50	6 75	9 00	140	7 00	10 50	14 00
91	4 55	6 83	9 10	141	7 05	10 58	14 10
92	4 60	6 90	9 20	142	7 10	10 65	14 20
93	4 65	6 98	9 30	143	7 15	10 73	14 30
94	4 70	7 05	9 40	144	7 20	10 80	14 40
95	4 75	7 13	9 50	145	7 25	10 88	14 50
96	4 80	7 20	9 60	146	7 30	10 95	14 60
97	4 85	7 28	9 70	147	7 35	11 03	14 70
98	4 90	7 35	9 80	148	7 40	11 10	14 80
99	4 95	7 43	9 90	149	7 45	11 18	14 90
100	5 00	7 50	10 00	150	7 50	11 25	15 00
101	5 05	7 58	10 10	151	7 55	11 33	15 10
102	5 10	7 65	10 20	152	7 60	11 40	15 20
103	5 15	7 73	10 30	153	7 65	11 48	15 30
104	5 20	7 80	10 40	154	7 70	11 55	15 40
105	5 25	7 88	10 50	155	7 75	11 63	15 50
106	5 30	7 95	10 60	156	7 80	11 70	15 60
107	5 35	8 03	10 70	157	7 85	11 78	15 70
108	5 40	8 10	10 80	158	7 90	11 85	15 80
109	5 45	8 18	10 90	159	7 95	11 93	15 90
110	5 50	8 25	11 00	160	8 00	12 00	16 00
111	5 55	8 33	11 10	161	8 05	12 08	16 10
112	5 60	8 40	11 20	162	8 10	12 15	16 20
113	5 65	8 48	11 30	163	8 15	12 23	16 30
114	5 70	8 55	11 40	164	8 20	12 30	16 40
115	5 75	8 63	11 50	165	8 25	12 38	16 50
116	5 80	8 70	11 60	166	8 30	12 45	16 60
117	5 85	8 78	11 70	167	8 35	12 53	16 70
118	5 90	8 85	11 80	168	8 40	12 60	16 80
119	5 95	8 93	11 90	169	8 45	12 68	16 90
120	6 00	9 00	12 00	170	8 50	12 75	17 00
121	6 05	9 08	12 10	171	8 55	12 83	17 10
122	6 10	9 15	12 20	172	8 60	12 90	17 20
123	6 15	9 23	12 30	173	8 65	12 98	17 30
124	6 20	9 30	12 40	174	8 70	13 05	17 40
125	6 25	9 38	12 50	175	8 75	13 13	17 50
126	6 30	9 45	12 60	176	8 80	13 20	17 60
127	6 35	9 53	12 70	177	8 85	13 28	17 70
128	6 40	9 60	12 80	178	8 90	13 35	17 80
129	6 45	9 68	12 90	179	8 95	13 43	17 90
130	6 50	9 75	13 00	180	9 00	13 50	18 00

DROITS PERÇUS SUR LES ACIDES ACÉTIQUES

TARIFS PAR LITRES OU KILOGRAMMES.

QUANTITÉS	De 17 à 30 p. 100 à 18 f. 75	De 31 à 40 p. 100 à 25 fr.	Au-dessus de 40 p. 100 à 52 fr. 50	Cristallisé, les 100 k. à 62 fr. 50	QUANTITÉS	De 17 à 30 p. 100 à 18 f. 75	De 31 à 40 p. 100 à 25 fr.	Au-dessus de 40 p. 100 à 52 fr. 50	Cristallisé, les 100 k. à 62 fr. 50
litr ou kilog.	fr. c.	fr. c.	fr. c.	fr. c.	litr ou kilog.	fr. c.	fr. c.	fr. c.	fr. c.
1	» 19	» 25	» 53	» 63	41	7 69	10 25	21 53	25 63
2	» 38	» 50	1 05	1 25	42	7 88	10 50	22 05	26 25
3	» 57	» 75	1 58	1 88	43	8 07	10 75	22 58	26 88
4	» 75	1 00	2 10	2 50	44	8 25	11 00	23 10	27 50
5	» 94	1 25	2 63	3 13	45	8 44	11 25	23 63	28 13
6	1 13	1 50	3 15	3 75	46	8 63	11 50	24 15	28 75
7	1 32	1 75	3 68	4 38	47	8 82	11 75	24 68	29 38
8	1 50	2 00	4 20	5 00	48	9 00	12 00	25 20	30 00
9	1 69	2 25	4 73	5 63	49	9 19	12 25	25 73	30 63
10	1 88	2 50	5 25	6 25	50	9 38	12 50	26 25	31 25
11	2 07	2 75	5 78	6 88	51	9 57	12 75	26 78	31 88
12	2 25	3 00	6 30	7 50	52	9 75	13 00	27 30	32 50
13	2 44	3 25	6 83	8 13	53	9 94	13 25	27 83	33 13
14	2 63	3 50	7 35	8 75	54	10 13	13 50	28 35	33 75
15	2 82	3 75	7 88	9 38	55	10 32	13 75	28 88	34 38
16	3 00	4 00	8 40	10 00	56	10 50	14 00	29 40	35 00
17	3 19	4 25	8 93	10 63	57	10 69	14 25	29 93	35 63
18	3 38	4 50	9 45	11 25	58	10 88	14 50	30 45	36 25
19	3 57	4 75	9 98	11 88	59	11 07	14 75	30 98	36 88
20	3 75	5 00	10 50	12 50	60	11 25	15 00	31 50	37 50
21	3 94	5 25	11 03	13 13	61	11 44	15 25	32 03	38 13
22	4 13	5 50	11 55	13 75	62	11 63	15 50	32 55	38 75
23	4 32	5 75	12 08	14 38	63	11 82	15 75	33 08	39 38
24	4 50	6 00	12 60	15 00	64	12 00	16 00	33 60	40 00
25	4 69	6 25	13 13	15 63	65	12 19	16 25	34 13	40 63
26	4 88	6 50	13 65	16 25	66	12 38	16 50	34 65	41 25
27	5 07	6 75	14 18	16 88	67	12 57	16 75	35 18	41 88
28	5 25	7 00	14 70	17 50	68	12 75	17 00	35 70	42 50
29	5 44	7 25	15 23	18 13	69	12 94	17 25	36 23	43 13
30	5 63	7 50	15 75	18 75	70	13 13	17 50	36 75	43 75
31	5 82	7 75	16 28	19 38	71	13 32	17 75	37 28	44 38
32	6 00	8 00	16 80	20 00	72	13 50	18 00	37 80	45 00
33	6 19	8 25	17 33	20 63	73	13 69	18 25	38 33	45 63
34	6 38	8 50	17 85	21 25	74	13 88	18 50	38 85	46 25
35	6 57	8 75	18 38	21 88	75	14 07	18 75	39 38	46 88
36	6 75	9 00	18 90	22 50	76	14 25	19 00	39 90	47 50
37	6 94	9 25	19 43	23 13	77	14 44	19 25	40 43	48 13
38	7 13	9 50	19 95	23 75	78	14 63	19 50	40 95	48 75
39	7 32	9 75	20 48	24 38	79	14 82	19 75	41 48	49 38
40	7 50	10 00	21 00	25 00	80	15 00	20 00	42 00	50 00

DROITS PERÇUS SUR LES ACIDES ACÉTIQUES (*suite*).

QUANTITÉS	De 17 à 30 p. 100 à 18 f. 75		De 31 à 40 p. 100 à 25 fr.		Au-dessus de 40 p. 100 à 52 fr. 50		Cristallisé, les 100 k. à 62 fr. 50	
litr. ou kilog.	fr.	c.	fr.	c.	fr.	c.	fr.	c.
81	15	19	20	25	42	53	50	63
82	15	38	20	50	43	05	51	25
83	15	57	20	75	43	58	51	88
84	15	75	21	00	44	10	52	50
85	15	94	21	25	44	63	53	13
86	16	13	21	50	45	15	53	75
87	16	32	21	75	45	68	54	38
88	16	50	22	00	46	20	55	00
89	16	69	22	25	46	73	55	63
90	16	88	22	50	47	25	56	25
91	17	07	22	75	47	78	56	88
92	17	25	23	00	48	30	57	50
93	17	44	23	25	48	83	58	13
94	17	63	23	50	49	35	58	75
95	17	82	23	75	49	88	59	38
96	18	00	24	00	50	40	60	00
97	18	19	24	25	50	93	60	63
98	18	38	24	50	51	45	61	25
99	18	57	24	75	51	98	61	88
100	18	75	25	00	52	50	62	50
101	18	94	25	25	53	03	63	13
102	19	13	25	50	53	55	63	75
103	19	32	25	75	54	08	64	38
104	19	50	26	00	54	60	65	00
105	19	69	26	25	55	13	65	63
106	19	88	26	50	55	65	66	25
107	20	07	26	75	56	18	66	88
108	20	25	27	00	56	70	67	50
109	20	44	27	25	57	23	68	13
110	20	63	27	50	57	75	68	75
111	20	82	27	75	58	28	69	38
112	21	00	28	00	58	80	70	00
113	21	19	28	25	59	33	70	63
114	21	38	28	50	59	85	71	25
115	21	57	28	75	60	38	71	88
116	21	75	29	00	60	90	72	50
117	21	94	29	25	61	43	73	13
118	22	13	29	50	61	95	73	75
119	22	32	29	75	62	48	74	38
120	22	50	30	00	63	00	75	00
121	22	69	30	25	63	53	75	63
122	22	88	30	50	64	05	76	25
123	23	07	30	75	64	58	76	88
124	23	25	31	00	65	10	77	50
125	23	44	31	25	65	63	78	13
126	23	63	31	50	66	15	78	75
127	23	82	31	75	66	68	79	38
128	24	00	32	00	67	20	80	00
129	24	19	32	25	67	73	80	63
130	24	38	32	50	68	28	81	25

QUANTITÉS	De 17 à 30 p. 100 à 18 f. 75		De 31 à 40 p. 100 à 25 fr.		Au-dessus de 40 p. 100 à 52 fr. 50		Cristallisé, les 100 k. à 62 fr. 50	
litr. ou kilog.	fr.	c.	fr.	c.	fr.	c.	fr.	c.
131	24	57	32	75	68	78	81	88
132	24	75	33	00	69	30	82	50
133	24	94	33	25	69	83	83	13
134	25	13	33	50	70	35	83	75
135	25	32	33	75	70	88	84	38
136	25	50	34	00	71	40	85	00
137	25	69	34	25	71	93	85	63
138	25	88	34	50	72	45	86	25
139	26	07	34	75	72	98	86	88
140	26	25	35	00	73	50	87	50
141	26	44	35	25	74	03	88	13
142	26	63	35	50	74	55	88	75
143	26	82	35	75	75	08	89	38
144	27	00	36	00	75	60	90	00
145	27	19	36	25	76	13	90	63
146	27	38	36	50	76	65	91	25
147	27	57	36	75	77	18	91	88
148	27	75	37	00	77	70	92	50
149	27	94	37	25	78	23	93	13
150	28	13	37	50	78	75	93	75
151	28	32	37	75	79	28	94	38
152	28	50	38	00	79	80	95	00
153	28	69	38	25	80	33	95	63
154	28	88	38	50	80	85	96	25
155	29	07	38	75	81	38	96	88
156	29	25	39	00	81	90	97	50
157	29	44	39	25	82	43	98	13
158	29	63	39	50	82	95	98	75
159	29	82	39	75	83	48	99	38
160	30	00	40	00	84	00	100	00
161	30	19	40	25	84	53	100	63
162	30	38	40	50	85	05	101	25
163	30	57	40	75	85	58	101	88
164	30	75	41	00	86	10	102	50
165	30	94	41	25	86	63	103	13
166	31	13	41	50	87	15	103	75
167	31	32	41	75	87	68	104	38
168	31	50	42	00	88	20	105	00
169	31	69	42	25	88	73	105	63
170	31	88	42	50	89	25	106	25
171	32	07	42	75	89	78	106	88
172	32	25	43	00	90	30	107	50
173	32	44	43	25	90	83	108	13
174	32	63	43	50	91	35	108	75
175	32	82	43	75	91	88	109	38
176	33	00	44	00	92	40	110	00
177	33	19	44	25	92	93	110	63
178	33	38	44	50	93	45	111	25
179	33	57	44	75	93	98	111	88
180	33	75	45	00	94	50	112	50

TARIF

DU

DROIT DE CONSOMMATION

SUR LES ALCOOLS

Vins alcoolisés, Vermouts et Vins de Liqueur
ou d'imitation

BIBLIOTHÈQUE DES EMPLOYÉS DES CONTRIBUTIONS INDIRECTES

LIBRAIRIE ADMINISTRATIVE P. OUDIN

POITIERS, RUE SAINT-PIERRE-LE-PUELLIER

DROITS PERÇUS SUR L'ALCOOL

A 400 francs par hectolitre (décimes compris)

L'alcool pur contenu dans les eaux-de-vie, esprits, absinthes, liqueurs et autres spiritueux doit, pour la perception des droits, les prises en charge, etc., être déterminé en centilitres, tant pour les vaisseaux d'une capacité supérieure à 10 litres que pour ceux de 10 litres et au-dessous.

Les tableaux ci-après (pages 4 à 31) ont été établis en conformité des prescriptions ci-dessus. Ils indiquent les droits dus sur une quantité quelconque d'alcool pur, de centilitre en centilitre depuis 1 centilitre jusqu'à 100 litres, et d'hectolitre en hectolitre depuis 1 hectolitre jusqu'à 30 hectolitres.

Mode d'emploi des tableaux qui suivent.

Lorsque la quantité d'alcool sur laquelle on opère ne dépasse pas 100 litres, le grand tableau (p. 4 à 31) donne immédiatement et sans calcul le montant exact des droits à percevoir. Soit, par exemple, à trouver les droits dus pour 91 litres 55 centilitres. On cherche d'abord, dans les colonnes des litres et centilitres, le nombre 91,55, ce qui est facile, tous les nombres suivant une progression régulière de 1 centilitre et chaque page portant en tête le premier et le dernier des nombres contenus dans la page. Le droit applicable à 91,55 se trouve immédiatement en regard de ce nombre, soit **366 fr. 20.**

Pour les quantités au-dessus d'un hectolitre, on prend dans le petit tableau (*Hectolitres*, p. 31) le montant du droit des hectolitres et dans le grand tableau le droit des litres et des centilitres, qu'on y ajoute. Prenons, par exemple, 21 hectolitres 89 litres 25 centilitres : au petit tableau, 21 hectolitres donnent 8.400 francs de droits ; au grand tableau, 89 litres 25 centilitres donnent 357 francs ; soit 8.400 + 357 = 8.757 fr. montant exact des droits dus pour 21 hectolitres 89 litres 25 centilitres.

Il n'y a pas de forcements.

QUANTITÉS	Droit	QUANTITÉS	Droit	QUANTITÉS	Droit	QUANTITÉS	Droit	QUANTITÉS	Droit	QUANTITÉS	Droit
lit. c.	fr. c.	lit. c.	fr. c.	lit. c.	fr. c.	lit. c.	fr. c.	lit. c.	fr. c.	lit. c.	fr. c.
0 01	0 04	0 61	2 44	1 21	4 84	1 81	7 24	2 41	9 64	3 01	12 04
02	0 08	62	2 48	22	4 88	82	7 28	42	9 68	02	12 08
03	0 12	63	2 52	23	4 92	83	7 32	43	9 72	03	12 12
04	0 16	64	2 56	24	4 96	84	7 36	44	9 76	04	12 16
05	0 20	65	2 60	25	5 00	85	7 40	45	9 80	05	12 20
06	0 24	66	2 64	26	5 04	86	7 44	46	9 84	06	12 24
07	0 28	67	2 68	27	5 08	87	7 48	47	9 88	07	12 28
08	0 32	68	2 72	28	5 12	88	7 52	48	9 92	08	12 32
09	0 36	69	2 76	29	5 16	89	7 56	49	9 96	09	12 36
10	0 40	70	2 80	30	5 20	90	7 60	50	10 00	10	12 40
0 11	0 44	0 71	2 84	1 31	5 24	1 91	7 64	2 51	10 04	3 11	12 44
12	0 48	72	2 88	32	5 28	92	7 68	52	10 08	12	12 48
13	0 52	73	2 92	33	5 32	93	7 72	53	10 12	13	12 52
14	0 56	74	2 96	34	5 36	94	7 76	54	10 16	14	12 56
15	0 60	75	3 00	35	5 40	95	7 80	55	10 20	15	12 60
16	0 64	76	3 04	36	5 44	96	7 84	56	10 24	16	12 64
17	0 68	77	3 08	37	5 48	97	7 88	57	10 28	17	12 68
18	0 72	78	3 12	38	5 52	98	7 92	58	10 32	18	12 72
19	0 76	79	3 16	39	5 56	99	7 96	59	10 36	19	12 76
20	0 80	80	3 20	40	5 60	2 00	8 00	60	10 40	20	12 80
0 21	0 84	0 81	3 24	1 41	5 64	2 01	8 04	2 61	10 44	3 21	12 84
22	0 88	82	3 28	42	5 68	02	8 08	62	10 48	22	12 88
23	0 92	83	3 32	43	5 72	03	8 12	63	10 52	23	12 92
24	0 96	84	3 36	44	5 76	04	8 16	64	10 56	24	12 96
25	1 00	85	3 40	45	5 80	05	8 20	65	10 60	25	13 00
26	1 04	86	3 44	46	5 84	06	8 24	66	10 64	26	13 04
27	1 08	87	3 48	47	5 88	07	8 28	67	10 68	27	13 08
28	1 12	88	3 52	48	5 92	08	8 32	68	10 72	28	13 12
29	1 16	89	3 56	49	5 96	09	8 36	69	10 76	29	13 16
30	1 20	90	3 60	50	6 00	10	8 40	70	10 80	30	13 20
0 31	1 24	0 91	3 64	1 51	6 04	2 11	8 44	2 71	10 84	3 31	13 24
32	1 28	92	3 68	52	6 08	12	8 48	72	10 88	32	13 28
33	1 32	93	3 72	53	6 12	13	8 52	73	10 92	33	13 32
34	1 36	94	3 76	54	6 16	14	8 56	74	10 96	34	13 36
35	1 40	95	3 80	55	6 20	15	8 60	75	11 00	35	13 40
36	1 44	96	3 84	56	6 24	16	8 64	76	11 04	36	13 44
37	1 48	97	3 88	57	6 28	17	8 68	77	11 08	37	13 48
38	1 52	98	3 92	58	6 32	18	8 72	78	11 12	38	13 52
39	1 56	99	3 96	59	6 36	19	8 76	79	11 16	39	13 56
40	1 60	1 00	4 00	60	6 40	20	8 80	80	11 20	40	13 60
0 41	1 64	1 01	4 04	1 61	6 44	2 21	8 84	2 81	11 24	3 41	13 64
42	1 68	02	4 08	62	6 48	22	8 88	82	11 28	42	13 68
43	1 72	03	4 12	63	6 52	23	8 92	83	11 32	43	13 72
44	1 76	04	4 16	64	6 56	24	8 96	84	11 36	44	13 76
45	1 80	05	4 20	65	6 60	25	9 00	85	11 40	45	13 80
46	1 84	06	4 24	66	6 64	26	9 04	86	11 44	46	13 84
47	1 88	07	4 28	67	6 68	27	9 08	87	11 48	47	13 88
48	1 92	08	4 32	68	6 72	28	9 12	88	11 52	48	13 92
49	1 96	09	4 36	69	6 76	29	9 16	89	11 56	49	13 96
50	2 00	10	4 40	70	6 80	30	9 20	90	11 60	50	14 00
0 51	2 04	1 11	4 44	1 71	6 84	2 31	9 24	2 91	11 64	3 51	14 04
52	2 08	12	4 48	72	6 88	32	9 28	92	11 68	52	14 08
53	2 12	13	4 52	73	6 92	33	9 32	93	11 72	53	14 12
54	2 16	14	4 56	74	6 96	34	9 36	94	11 76	54	14 16
55	2 20	15	4 60	75	7 00	35	9 40	95	11 80	55	14 20
56	2 24	16	4 64	76	7 04	36	9 44	96	11 84	56	14 24
57	2 28	17	4 68	77	7 08	37	9 48	97	11 88	57	14 28
58	2 32	18	4 72	78	7 12	38	9 52	98	11 92	58	14 32
59	2 36	19	4 76	79	7 16	39	9 56	99	11 96	59	14 36
60	2 40	20	4 80	80	7 20	40	9 60	3 00	12 00	60	14 40

QUANTITÉS	Droit	QUANTITÉS	Droit	QUANTITÉS	Droit	QUANTITÉS	Droit	QUANTITÉS	Droit	QUANTITÉS	Droit
lit. c	fr. c.	lit. c	fr. c.	lit. c	fr. c.	lit. c	fr. c.	lit. c	fr. c.	lit. c	fr. c.
3 61	14 44	4 21	16 84	4 81	19 24	5 41	21 64	6 01	24 04	6 61	26 44
62	14 48	22	16 88	82	19 28	42	21 68	02	24 08	62	26 48
63	14 52	23	16 92	83	19 32	43	21 72	03	24 12	63	26 52
64	14 56	24	16 96	84	19 36	44	21 76	04	24 16	64	26 56
65	14 60	25	17 00	85	19 40	45	21 80	05	24 20	65	26 60
66	14 64	26	17 04	86	19 44	46	21 84	06	24 24	66	26 64
67	14 68	27	17 08	87	19 48	47	21 88	07	24 28	67	26 68
68	14 72	28	17 12	88	19 52	48	21 92	08	24 32	68	26 72
69	14 76	29	17 16	89	19 56	49	21 96	09	24 36	69	26 76
70	14 80	30	17 20	90	19 60	50	22 00	10	24 40	70	26 80
3 71	14 84	4 31	17 24	4 91	19 64	5 51	22 04	6 11	24 44	6 71	26 84
72	14 88	32	17 28	92	19 68	52	22 08	12	24 48	72	26 88
73	14 92	33	17 32	93	19 72	53	22 12	13	24 52	73	26 92
74	14 96	34	17 36	94	19 76	54	22 16	14	24 56	74	26 96
75	15 00	35	17 40	95	19 80	55	22 20	15	24 60	75	27 00
76	15 04	36	17 44	96	19 84	56	22 24	16	24 64	76	27 04
77	15 08	37	17 48	97	19 88	57	22 28	17	24 68	77	27 08
78	15 12	38	17 52	98	19 92	58	22 32	18	24 72	78	27 12
79	15 16	39	17 56	99	19 96	59	22 36	19	24 76	79	27 16
80	15 20	40	17 60	5 00	20 00	60	22 40	20	24 80	80	27 20
3 81	15 24	4 41	17 64	5 01	20 04	5 61	22 44	6 21	24 84	6 81	27 24
82	15 28	42	17 68	02	20 08	62	22 48	22	24 88	82	27 28
83	15 32	43	17 72	03	20 12	63	22 52	23	24 92	83	27 32
84	15 36	44	17 76	04	20 16	64	22 56	24	24 96	84	27 36
85	15 40	45	17 80	05	20 20	65	22 60	25	25 00	85	27 40
86	15 44	46	17 84	06	20 24	66	22 64	26	25 04	86	27 44
87	15 48	47	17 88	07	20 28	67	22 68	27	25 08	87	27 48
88	15 52	48	17 92	08	20 32	68	22 72	28	25 12	88	27 52
89	15 56	49	17 96	09	20 36	69	22 76	29	25 16	89	27 56
90	15 60	50	18 00	10	20 40	70	22 80	30	25 20	90	27 60
3 91	15 64	4 51	18 04	5 11	20 44	5 71	22 84	6 31	25 24	6 91	27 64
92	15 68	52	18 08	12	20 48	72	22 88	32	25 28	92	27 68
93	15 72	53	18 12	13	20 52	73	22 92	33	25 32	93	27 72
94	15 76	54	18 16	14	20 56	74	22 96	34	25 36	94	27 76
95	15 80	55	18 20	15	20 60	75	23 00	35	25 40	95	27 80
96	15 84	56	18 24	16	20 64	76	23 04	36	25 44	96	27 84
97	15 88	57	18 28	17	20 68	77	23 08	37	25 48	97	27 88
98	15 92	58	18 32	18	20 72	78	23 12	38	25 52	98	27 92
99	15 96	59	18 36	19	20 76	79	23 16	39	25 56	99	27 96
4 00	16 00	60	18 40	20	20 80	80	23 20	40	25 60	7 00	28 00
4 01	16 04	4 61	18 44	5 21	20 84	5 81	23 24	6 41	25 64	7 01	28 04
02	16 08	62	18 48	22	20 88	82	23 28	42	25 68	02	28 08
03	16 12	63	18 52	23	20 92	83	23 32	43	25 72	03	28 12
04	16 16	64	18 56	24	20 96	84	23 36	44	25 76	04	28 16
05	16 20	65	18 60	25	21 00	85	23 40	45	25 80	05	28 20
06	16 24	66	18 64	26	21 04	86	23 44	46	25 84	06	28 24
07	16 28	67	18 68	27	21 08	87	23 48	47	25 88	07	28 28
08	16 32	68	18 72	28	21 12	88	23 52	48	25 92	08	28 32
09	16 36	69	18 76	29	21 16	89	23 56	49	25 96	09	28 36
10	16 40	70	18 80	30	21 20	90	23 60	50	26 00	10	28 40
4 11	16 44	4 71	18 84	5 31	21 24	5 91	23 64	6 51	26 04	7 11	28 44
12	16 48	72	18 88	32	21 28	92	23 68	52	26 08	12	28 48
13	16 52	73	18 92	33	21 32	93	23 72	53	26 12	13	28 52
14	16 56	74	18 96	34	21 36	94	23 76	54	26 16	14	28 56
15	16 60	75	19 00	35	21 40	95	23 80	55	26 20	15	28 60
16	16 64	76	19 04	36	21 44	96	23 84	56	26 24	16	28 64
17	16 68	77	19 08	37	21 48	97	23 88	57	26 28	17	28 68
18	16 72	78	19 12	38	21 52	98	23 92	58	26 32	18	28 72
19	16 76	79	19 16	39	21 56	99	23 96	59	26 36	19	28 76
20	16 80	80	19 20	40	21 60	6 00	24 00	60	26 40	20	28 80

QUANTITÉS	Droit		QUANTITÉS	Droit		QUANTITÉS	Droit		QUANTITÉS	Droit		QUANTITÉS	Droit		QUANTITÉS	Droit	
lit. c.	fr. c.		lit. c.	fr. c.		lit. c.	fr. c.		lit. c.	fr. c.		lit. c.	fr. c.		lit. c.	fr. c.	
7 21	28	84	7 81	31	24	8 41	33	64	9 01	36	04	9 61	38	44	10 21	40	84
22	28	88	82	31	28	42	33	68	02	36	08	62	38	48	22	40	88
23	28	92	83	31	32	43	33	72	03	36	12	63	38	52	23	40	92
24	28	96	84	31	36	44	33	76	04	36	16	64	38	56	24	40	96
25	29	00	85	31	40	45	33	80	05	36	20	65	38	60	25	41	00
26	29	04	86	31	44	46	33	84	06	36	24	66	38	64	26	41	04
27	29	08	87	31	48	47	33	88	07	36	28	67	38	68	27	41	08
28	29	12	88	31	52	48	33	92	08	36	32	68	38	72	28	41	12
29	29	16	89	31	56	49	33	96	09	36	36	69	38	76	29	41	16
30	29	20	90	31	60	50	34	00	10	36	40	70	38	80	30	41	20
7 31	29	24	7 91	31	64	8 51	34	04	9 11	36	44	9 71	38	84	10 31	41	24
32	29	28	92	31	68	52	34	08	12	36	48	72	38	88	32	41	28
33	29	32	93	31	72	53	34	12	13	36	52	73	38	92	33	41	32
34	29	36	94	31	76	54	34	16	14	36	56	74	38	96	34	41	36
35	29	40	95	31	80	55	34	20	15	36	60	75	39	00	35	41	40
36	29	44	96	31	84	56	34	24	16	36	64	76	39	04	36	41	44
37	29	48	97	31	88	57	34	28	17	36	68	77	39	08	37	41	48
38	29	52	98	31	92	58	34	32	18	36	72	78	39	12	38	41	52
39	29	56	99	31	96	59	34	36	19	36	76	79	39	16	39	41	56
40	29	60	8 00	32	00	60	34	40	20	36	80	80	39	20	40	41	60
7 41	29	64	8 01	32	04	8 61	34	44	9 21	36	84	9 81	39	24	10 41	41	64
42	29	68	02	32	08	62	34	48	22	36	88	82	39	28	42	41	68
43	29	72	03	32	12	63	34	52	23	36	92	83	39	32	43	41	72
44	29	76	04	32	16	64	34	56	24	36	96	84	39	36	44	41	76
45	29	80	05	32	20	65	34	60	25	37	00	85	39	40	45	41	80
46	29	84	06	32	24	66	34	64	26	37	04	86	39	44	46	41	84
47	29	88	07	32	28	67	34	68	27	37	08	87	39	48	47	41	88
48	29	92	08	32	32	68	34	72	28	37	12	88	39	52	48	41	92
49	29	96	09	32	36	69	34	76	29	37	16	89	39	56	49	41	96
50	30	00	10	32	40	70	34	80	30	37	20	90	39	60	50	42	00
7 51	30	04	8 11	32	44	8 71	34	84	9 31	37	24	9 91	39	64	10 51	42	04
52	30	08	12	32	48	72	34	88	32	37	28	92	39	68	52	42	08
53	30	12	13	32	52	73	34	92	33	37	32	93	39	72	53	42	12
54	30	16	14	32	56	74	34	96	34	37	36	94	39	76	54	42	16
55	30	20	15	32	60	75	35	00	35	37	40	95	39	80	55	42	20
56	30	24	16	32	64	76	35	04	36	37	44	96	39	84	56	42	24
57	30	28	17	33	68	77	35	08	37	37	48	97	39	88	57	42	28
58	30	32	18	32	72	78	35	12	38	37	52	98	39	92	58	42	32
59	30	36	19	32	76	79	35	16	39	37	56	99	39	96	59	42	36
60	30	40	20	32	80	80	35	20	40	37	60	10 00	40	00	60	42	40
7 61	30	44	8 21	32	84	8 81	35	24	9 41	37	64	10 01	40	04	10 61	42	44
62	30	48	22	32	88	82	35	28	42	37	68	02	40	08	62	42	48
63	30	52	23	32	92	83	35	32	43	37	72	03	40	12	63	42	52
64	30	56	24	32	96	84	35	36	44	37	76	04	40	16	64	42	56
65	30	60	25	33	00	85	35	40	45	37	80	05	40	20	65	42	60
66	30	64	26	33	04	86	35	44	46	37	84	06	40	24	66	42	64
67	30	68	27	33	08	87	35	48	47	37	88	07	40	28	67	42	68
68	30	72	28	33	12	88	35	52	48	37	92	08	40	32	68	42	72
69	30	76	29	33	16	89	35	56	49	37	96	09	40	36	69	42	76
70	30	80	30	33	20	90	35	60	50	38	00	10	40	40	70	42	80
7 71	30	84	8 31	33	24	8 91	35	64	9 51	38	04	10 11	40	44	10 71	42	84
72	30	88	32	33	28	92	35	68	52	38	08	12	40	48	72	42	88
73	30	92	33	33	32	93	35	72	53	38	12	13	40	52	73	42	92
74	30	96	34	33	36	94	35	76	54	38	16	14	40	56	74	42	96
75	31	00	35	33	40	95	35	80	55	38	20	15	40	60	75	43	00
76	31	04	36	33	44	96	35	84	56	38	24	16	40	64	76	43	04
77	31	08	37	33	48	97	35	88	57	38	28	17	40	68	77	43	08
78	31	12	38	33	52	98	35	92	58	38	32	18	40	72	78	43	12
79	31	16	39	33	56	99	35	96	59	38	36	19	40	76	79	43	16
80	31	20	40	33	60	9 00	36	00	60	38	40	20	40	80	80	43	20

QUANTITÉS	Droit	QUANTITÉS	Droit	QUANTITÉS	Droit	QUANTITÉS	Droit	QUANTITÉS	Droit	QUANTITÉS	Droit
lit. c.	fr. c.	lit. c.	fr. c.	lit. c.	fr. c.	lit. c.	fr. c.	lit. c.	fr. c.	lit. c.	fr. c.
10 81	43 24	11 41	45 64	12 01	48 04	12 61	50 44	13 21	52 84	13 81	55 24
82	43 28	42	45 68	02	48 08	62	50 48	22	52 88	82	55 28
83	43 32	43	45 72	03	48 12	63	50 52	23	52 92	83	55 32
84	43 36	44	45 76	04	48 16	64	50 56	24	52 96	84	55 36
85	43 40	45	45 80	05	48 20	65	50 60	25	53 00	85	55 40
86	43 44	46	45 84	06	48 24	66	50 64	26	53 04	86	55 44
87	43 48	47	45 88	07	48 28	67	50 68	27	53 08	87	55 48
88	43 52	48	45 92	08	48 32	68	50 72	28	53 12	88	55 52
89	43 56	49	45 96	09	48 36	69	50 76	29	53 16	89	55 56
90	43 60	50	46 00	10	48 40	70	50 80	30	53 20	90	55 60
10 91	43 64	11 51	46 04	12 11	48 44	12 71	50 84	13 31	53 24	13 91	55 64
92	43 68	52	46 08	12	48 48	72	50 88	32	53 28	92	55 68
93	43 72	53	46 12	13	48 52	73	50 92	33	53 32	93	55 72
94	43 76	54	46 16	14	48 56	74	50 96	34	53 36	94	55 76
95	43 80	55	46 20	15	48 60	75	51 00	35	53 40	95	55 80
96	43 84	56	46 24	16	48 64	76	51 04	36	53 44	96	55 84
97	43 88	57	46 28	17	48 68	77	51 08	37	53 48	97	55 88
98	43 92	58	46 32	18	48 72	78	51 12	38	53 52	98	55 92
99	43 96	59	46 36	19	48 76	79	51 16	39	53 56	99	55 96
11 00	44 00	60	46 40	20	48 80	80	51 20	40	53 60	14 00	56 00
11 01	44 04	11 61	46 44	12 21	48 84	12 81	51 24	13 41	53 64	14 01	56 04
02	44 08	62	46 48	22	48 88	82	51 28	42	53 68	02	56 08
03	44 12	63	46 52	23	48 92	83	51 32	43	53 72	03	56 12
04	44 16	64	46 56	24	48 96	84	51 36	44	53 76	04	56 16
05	44 20	65	46 60	25	49 00	85	51 40	45	53 80	05	56 20
06	44 24	66	46 64	26	49 04	86	51 44	46	53 84	06	56 24
07	44 28	67	46 68	27	49 08	87	51 48	47	53 88	07	56 28
08	44 32	68	46 72	28	49 12	88	51 52	48	53 92	08	56 32
09	44 36	69	46 76	29	49 16	89	51 56	49	53 96	09	56 36
10	44 40	70	46 80	30	49 20	90	51 60	50	54 00	10	56 40
11 11	44 44	11 71	46 84	12 31	49 24	12 91	51 64	13 51	54 04	14 11	56 44
12	44 48	72	46 88	32	49 28	92	51 68	52	54 08	12	56 48
13	44 52	73	46 92	33	49 32	93	51 72	53	54 12	13	56 52
14	44 56	74	46 96	34	49 36	94	51 76	54	54 16	14	56 56
15	44 60	75	47 00	35	49 40	95	51 80	55	54 20	15	56 60
16	44 64	76	47 04	36	49 44	96	51 84	56	54 24	16	56 64
17	44 68	77	47 08	37	49 48	97	51 88	57	54 28	17	56 68
18	44 72	78	47 12	38	49 52	98	51 92	58	54 32	18	56 72
19	44 76	79	47 16	39	49 56	99	51 96	59	54 36	19	56 76
20	44 80	80	47 20	40	49 60	13 00	52 00	60	54 40	20	56 80
11 21	44 84	11 81	47 24	12 41	49 64	13 01	52 04	13 61	54 44	14 21	56 84
22	44 88	82	47 28	42	49 68	02	52 08	62	54 48	22	56 88
23	44 92	83	47 32	43	49 72	03	52 12	63	54 52	23	56 92
24	44 96	84	47 36	44	49 76	04	52 16	64	54 56	24	56 96
25	45 00	85	47 40	45	49 80	05	52 20	65	54 60	25	57 00
26	45 04	86	47 44	46	49 84	06	52 24	66	54 64	26	57 04
27	45 08	87	47 48	47	49 88	07	52 28	67	54 68	27	57 08
28	45 12	88	47 52	48	49 92	08	52 32	68	54 72	28	57 12
29	45 16	89	47 56	49	49 96	09	52 36	69	54 76	29	57 16
30	45 20	90	47 60	50	50 00	10	52 40	70	54 80	30	57 20
11 31	45 24	11 91	47 64	12 51	50 04	13 11	52 44	13 71	54 84	14 31	57 24
32	45 28	92	47 68	52	50 08	12	52 48	72	54 88	32	57 28
33	45 32	93	47 72	53	50 12	13	52 52	73	54 92	33	57 32
34	45 36	94	47 76	54	50 16	14	52 56	74	54 96	34	57 36
35	45 40	95	47 80	55	50 20	15	52 60	75	55 00	35	57 40
36	45 44	96	47 84	56	50 24	16	52 64	76	55 04	36	57 44
37	45 48	97	47 88	57	50 28	17	52 68	77	55 08	37	57 48
38	45 52	98	47 92	58	50 32	18	52 72	78	55 12	38	57 52
39	45 56	99	47 96	59	50 36	19	52 76	79	55 16	39	57 56
40	45 60	12 00	48 00	60	50 40	20	52 80	80	55 20	40	57 60

QUANTITÉS	Droit	QUANTITÉS	Droit	QUANTITÉS	Droit	QUANTITÉS	Droit	QUANTITÉS	Droit	QUANTITÉS	Droit
lit. c.	fr. c.	lit. c.	fr. c.	lit. c.	fr. c.	lit. c.	fr. c.	lit. c.	fr. c.	lit. c.	fr. c.
14 41	57 64	15 01	60 04	15 61	62 44	16 21	64 84	16 81	67 24	17 41	69 64
42	57 68	02	60 08	62	62 48	22	64 88	82	67 28	42	69 68
43	57 72	03	60 12	63	62 52	23	64 92	83	67 32	43	69 72
44	57 76	04	60 16	64	62 56	24	64 96	84	67 36	44	69 76
45	57 80	05	60 20	65	62 60	25	65 00	85	67 40	45	69 80
46	57 84	06	60 24	66	62 64	26	65 04	86	67 44	46	69 84
47	57 88	07	60 28	67	62 68	27	65 08	87	67 48	47	69 88
48	57 92	08	60 32	68	62 72	28	65 12	88	67 52	48	69 92
49	57 96	09	60 36	69	62 76	29	65 16	89	67 56	49	69 96
50	58 00	10	60 40	70	62 80	30	65 20	90	67 60	50	70 00
14 51	58 04	15 11	60 44	15 71	62 84	16 31	65 24	16 91	67 64	17 51	70 04
52	58 08	12	60 48	72	62 88	32	65 28	92	67 68	52	70 08
53	58 12	13	60 52	73	62 92	33	65 32	93	67 72	53	70 12
54	58 16	14	60 56	74	62 96	34	65 36	94	67 76	54	70 16
55	58 20	15	60 60	75	63 00	35	65 40	95	67 80	55	70 20
56	58 24	16	60 64	76	63 04	36	65 44	96	67 84	56	70 24
57	58 28	17	60 68	77	63 08	37	65 48	97	67 88	57	70 28
58	58 32	18	60 72	78	63 12	38	65 52	98	67 92	58	70 32
59	58 36	19	60 76	79	63 16	39	65 56	99	67 96	59	70 36
60	58 40	20	60 80	80	63 20	40	65 60	17 00	68 00	60	70 40
14 61	58 44	15 21	60 84	15 81	63 24	16 41	65 64	17 01	68 04	17 61	70 44
62	58 48	22	60 88	82	63 28	42	65 68	02	68 08	62	70 48
63	58 52	23	60 92	83	63 32	43	65 72	03	68 12	63	70 52
64	58 56	24	60 96	84	63 36	44	65 76	04	68 16	64	70 56
65	58 60	25	61 00	85	63 40	45	65 80	05	68 20	65	70 60
66	58 64	26	61 04	86	63 44	46	65 84	06	68 24	66	70 64
67	58 68	27	61 08	87	63 48	47	65 88	07	68 28	67	70 68
68	58 72	28	61 12	88	63 52	48	65 92	08	68 32	68	70 72
69	58 76	29	64 16	89	63 56	49	65 96	09	68 36	69	70 76
70	58 80	30	61 20	90	63 60	50	66 00	10	68 40	70	70 80
14 71	58 84	15 31	61 24	15 91	63 64	16 51	66 04	17 11	68 44	17 71	70 84
72	58 88	32	61 28	92	63 68	52	66 08	12	68 48	72	70 88
73	58 92	33	61 32	93	63 72	53	66 12	13	68 52	73	70 92
74	58 96	34	61 36	94	63 76	54	66 16	14	68 56	74	70 96
75	59 00	35	61 40	95	63 80	55	66 20	15	68 60	75	71 00
76	59 04	36	61 44	96	63 84	56	66 24	16	68 64	76	71 04
77	59 08	37	61 48	97	63 88	57	66 28	17	68 68	77	71 08
78	59 12	38	61 52	98	63 92	58	66 32	18	68 72	78	71 12
79	59 16	39	61 56	99	63 96	59	66 36	19	68 76	79	71 16
80	59 20	40	61 60	16 00	64 00	60	66 40	20	68 80	80	71 20
14 81	59 24	15 41	61 64	16 01	64 04	16 61	66 44	17 21	68 84	17 81	71 24
82	59 28	42	61 68	02	64 08	62	66 48	22	68 88	82	71 28
83	59 32	43	61 72	03	64 12	63	66 52	23	68 92	83	71 32
84	59 36	44	61 76	04	64 16	64	66 56	24	68 96	84	71 36
85	59 40	45	61 80	05	64 20	65	66 60	25	69 00	85	71 40
86	59 44	46	61 84	06	64 24	66	66 64	26	69 04	86	71 44
87	59 48	47	61 88	07	64 28	67	66 68	27	69 08	87	71 48
88	59 52	48	61 92	08	64 32	68	66 72	28	69 12	88	71 52
89	59 56	49	61 96	09	64 36	69	66 76	29	69 16	89	71 56
90	59 60	50	62 00	10	64 40	70	66 80	30	69 20	90	71 60
14 91	59 64	15 51	62 04	16 11	64 44	16 71	66 84	17 31	69 24	17 91	71 64
92	59 68	52	62 08	12	64 48	72	66 88	32	69 28	92	71 68
93	59 72	53	62 12	13	64 52	73	66 92	33	69 32	93	71 72
94	59 76	54	62 16	14	64 56	74	66 96	34	69 36	94	71 76
95	59 80	55	62 20	15	64 60	75	67 00	35	69 40	95	71 80
96	59 84	56	62 24	16	64 64	76	67 04	36	69 44	96	71 84
97	59 88	57	62 28	17	64 68	77	67 08	37	69 48	97	71 88
98	59 92	58	62 32	18	64 72	78	67 12	38	69 52	98	71 92
99	59 96	59	62 36	19	64 76	79	67 16	39	69 56	99	71 96
15 00	60 00	60	62 40	20	64 80	80	67 20	40	69 60	18 00	72 00

QUANTITÉS	Droit	QUANTITÉS	Droit	QUANTITÉS	Droit	QUANTITÉS	Droit	QUANTITÉS	Droit	QUANTITÉS	Droit
lit. c.	fr. c.	lit. c.	fr. c.	lit. c.	fr. c.	lit. c.	fr. c.	lit. c.	fr. c.	lit. c.	fr. c.
18 01	72 04	18 61	74 44	19 21	76 84	19 81	79 24	20 41	81 64	21 01	84 04
02	72 08	62	74 48	22	76 88	82	79 28	42	81 68	02	84 08
03	72 12	63	74 52	23	76 92	83	79 32	43	81 72	03	84 12
04	72 16	64	74 56	24	76 96	84	79 36	44	81 76	04	84 16
05	72 20	65	74 60	25	77 00	85	79 40	45	81 80	05	84 20
06	72 24	66	74 64	26	77 04	86	79 44	46	81 84	06	84 24
07	72 28	67	74 68	27	77 08	87	79 48	47	81 88	07	84 28
08	72 32	68	74 72	28	77 12	88	79 52	48	81 92	08	84 32
09	72 36	69	74 76	29	77 16	89	79 56	49	81 96	09	84 36
10	72 40	70	74 80	30	77 20	90	79 60	50	82 00	10	84 40
18 11	72 44	18 71	74 84	19 31	77 24	19 91	79 64	20 51	82 04	21 11	84 44
12	72 48	72	74 88	32	77 28	92	79 68	52	82 08	12	84 48
13	72 52	73	74 92	33	77 32	93	79 72	53	82 12	13	84 52
14	72 56	74	74 96	34	77 36	94	79 76	54	82 16	14	84 56
15	72 60	75	75 00	35	77 40	95	79 80	55	82 20	15	84 60
16	72 64	76	75 04	36	77 44	96	79 84	56	82 24	16	84 64
17	72 68	77	75 08	37	77 48	97	79 88	57	82 28	17	84 68
18	72 72	78	75 12	38	77 52	98	79 92	58	82 32	18	84 72
19	72 76	79	75 16	39	77 56	99	79 96	59	82 36	19	84 76
20	72 80	80	75 20	40	77 60	20 00	80 00	60	82 40	20	84 80
18 21	72 84	18 81	75 24	19 41	77 64	20 01	80 04	20 61	82 44	21 21	84 84
22	72 88	82	75 28	42	77 68	02	80 08	62	82 48	22	84 88
23	72 92	83	75 32	43	77 72	03	80 12	63	82 52	23	84 92
24	72 96	84	75 36	44	77 76	04	80 16	64	82 56	24	84 96
25	73 00	85	75 40	45	77 80	05	80 20	65	82 60	25	85 00
26	73 04	86	75 44	46	77 84	06	80 24	66	82 64	26	85 04
27	73 08	87	75 48	47	77 88	07	80 28	67	82 68	27	85 08
28	73 12	88	75 52	48	77 92	08	80 32	68	82 72	28	85 12
29	73 16	89	75 56	49	77 96	09	80 36	69	82 76	29	85 16
30	73 20	90	75 60	50	78 00	10	80 40	70	82 80	30	85 20
18 31	73 24	18 91	75 64	19 51	78 04	20 11	80 44	20 71	82 84	21 31	85 24
32	73 28	92	75 68	52	78 08	12	80 48	72	82 88	32	85 28
33	73 32	93	75 72	53	78 12	13	80 52	73	82 92	33	85 32
34	73 36	94	75 76	54	78 16	14	80 56	74	82 96	34	85 36
35	73 40	95	75 80	55	78 20	15	80 60	75	83 00	35	85 40
36	73 44	96	75 84	56	78 24	16	80 64	76	83 04	36	85 44
37	73 48	97	75 88	57	78 28	17	80 68	77	83 08	37	85 48
38	73 52	98	75 92	58	78 32	18	80 72	78	83 12	38	85 52
39	73 56	99	75 96	59	78 36	19	80 76	79	83 16	39	85 56
40	73 60	19 00	76 00	60	78 40	20	80 80	80	83 20	40	85 60
18 41	73 64	19 01	76 04	19 61	78 44	20 21	80 84	20 81	83 24	21 41	85 64
42	73 68	02	76 08	62	78 48	22	80 88	82	83 28	42	85 68
43	73 72	03	76 12	63	78 52	23	80 92	83	83 32	43	85 72
44	73 76	04	76 16	64	78 56	24	80 96	84	83 36	44	85 76
45	73 80	05	76 20	65	78 60	25	81 00	85	83 40	45	85 80
46	73 84	06	76 24	66	78 64	26	81 04	86	83 44	46	85 84
47	73 88	07	76 28	67	78 68	27	81 08	87	83 48	47	85 88
48	73 92	08	76 32	68	78 72	28	81 12	88	83 52	48	85 92
49	73 96	09	76 36	69	78 76	29	81 16	89	83 56	49	85 96
50	74 00	10	76 40	70	78 80	30	81 20	90	83 60	50	86 00
18 51	74 04	19 11	76 44	19 71	78 84	20 31	81 24	20 91	83 64	21 51	86 04
52	74 08	12	76 48	72	78 88	32	81 28	92	83 68	52	86 08
53	74 12	13	76 52	73	78 92	33	81 32	93	83 72	53	86 12
54	74 16	14	76 56	74	78 96	34	81 36	94	83 76	54	86 16
55	74 20	15	76 60	75	79 00	35	81 40	95	83 80	55	86 20
56	74 24	16	76 64	76	79 04	36	81 44	96	83 84	56	86 24
57	74 28	17	76 68	77	79 08	37	81 48	97	83 88	57	86 28
58	74 32	18	76 72	78	79 12	38	81 52	98	83 92	58	86 32
59	74 36	19	76 76	79	79 16	39	81 56	99	83 96	59	86 36
60	74 40	20	76 80	80	79 20	40	81 60	21 00	84 00	60	86 40

QUANTITÉS lit. c.	Droit fr. c.	QUANTITÉS lit. c.	Droit fr. c.	QUANTITÉS lit. c.	Droit fr. c.	QUANTITÉS lit. c.	Droit fr. c.	QUANTITÉS lit. c.	Droit fr. c.	QUANTITÉS lit. c.	Droit fr. c.
21 61	86 44	22 21	88 84	22 81	91 24	23 41	93 64	24 01	96 04	24 61	98 44
62	86 48	22	88 88	82	91 28	42	93 68	02	96 08	62	98 48
63	86 52	23	88 92	83	91 32	43	93 72	03	96 12	63	98 52
64	86 56	24	88 96	84	91 36	44	93 76	04	96 16	64	98 56
65	86 60	25	89 00	85	91 40	45	93 80	05	96 20	65	98 60
66	86 64	26	89 04	86	91 44	46	93 84	06	96 24	66	98 64
67	86 68	27	89 08	87	91 48	47	93 88	07	96 28	67	98 68
68	86 72	28	89 12	88	91 52	48	93 92	08	96 32	68	98 72
69	86 76	29	89 16	89	91 56	49	93 96	09	96 36	69	98 76
70	86 80	30	89 20	90	91 60	50	94 00	10	96 40	70	98 80
21 71	86 84	22 31	89 24	22 91	91 64	23 51	94 04	24 11	96 44	24 71	98 84
72	86 88	32	89 28	92	91 68	52	94 08	12	96 48	72	98 88
73	86 92	33	89 32	93	91 72	53	94 12	13	96 52	73	98 92
74	86 96	34	89 36	94	91 76	54	94 16	14	96 56	74	98 96
75	87 00	35	89 40	95	91 80	55	94 20	15	96 60	75	99 00
76	87 04	36	89 44	96	91 84	56	94 24	16	96 64	76	99 04
77	87 08	37	89 48	97	91 88	57	94 28	17	96 68	77	99 08
78	87 12	38	89 52	98	91 92	58	94 32	18	96 72	78	99 12
79	87 16	39	89 56	99	91 96	59	94 36	19	96 76	79	99 16
80	87 20	40	89 60	23 00	92 00	60	94 40	20	96 80	80	99 20
21 81	87 24	22 41	89 64	23 01	92 04	23 61	94 44	24 21	96 84	24 81	99 24
82	87 28	42	89 68	02	92 08	62	94 48	22	96 88	82	99 28
83	87 32	43	89 72	03	92 12	63	94 52	23	96 92	83	99 32
84	87 36	44	89 76	04	92 16	64	94 56	24	96 96	84	99 36
85	87 40	45	89 80	05	92 20	65	94 60	25	97 00	85	99 40
86	87 44	46	89 84	06	92 24	66	94 64	26	97 04	86	99 44
87	87 48	47	89 88	07	92 28	67	94 68	27	97 08	87	99 48
88	87 52	48	89 92	08	92 32	68	94 72	28	97 12	88	99 52
89	87 56	49	89 96	09	92 36	69	94 76	29	97 16	89	99 56
90	87 60	50	90 00	10	92 40	70	94 80	30	97 20	90	99 60
21 91	87 64	22 51	90 04	23 11	92 44	23 71	94 84	24 31	97 24	24 91	99 64
92	87 68	52	90 08	12	92 48	72	94 88	32	97 28	92	99 68
93	87 72	53	90 12	13	92 52	73	94 92	33	97 32	93	99 72
94	87 76	54	90 16	14	92 56	74	94 96	34	97 36	94	99 76
95	87 80	55	90 20	15	92 60	75	95 00	35	97 40	95	99 80
96	87 84	56	90 24	16	92 64	76	95 04	36	97 44	96	99 84
97	87 88	57	90 28	17	92 68	77	95 08	37	97 48	97	99 88
98	87 92	58	90 32	18	92 72	78	95 12	38	97 52	98	99 92
99	87 96	59	90 36	19	92 76	79	95 16	39	97 56	99	99 96
22 00	88 00	60	90 40	20	92 80	80	95 20	40	97 60	25 00	100 00
22 01	88 04	22 61	90 44	23 21	92 84	23 81	95 24	24 41	97 64	25 01	100 04
02	88 08	62	90 48	22	92 88	82	95 28	42	97 68	02	100 08
03	88 12	63	90 52	23	92 92	83	95 32	43	97 72	03	100 12
04	88 16	64	90 56	24	92 96	84	95 36	44	97 76	04	100 16
05	88 20	65	90 60	25	93 00	85	95 40	45	97 80	05	100 20
06	88 24	66	90 64	26	93 04	86	95 44	46	97 84	06	100 24
07	88 28	67	90 68	27	93 08	87	95 48	47	97 88	07	100 28
08	88 32	68	90 72	28	93 12	88	95 52	48	97 92	08	100 32
09	88 36	69	90 76	29	93 16	89	95 56	49	97 96	09	100 36
10	88 40	70	90 80	30	93 20	90	95 60	50	98 00	10	100 40
22 11	88 44	22 71	90 84	23 31	93 24	23 91	95 64	24 51	98 04	25 11	100 44
12	88 48	72	90 88	32	93 28	92	95 68	52	98 08	12	100 48
13	88 52	73	90 92	33	93 32	93	95 72	53	98 12	13	100 52
14	88 56	74	90 96	34	93 36	94	95 76	54	98 16	14	100 56
15	88 60	75	91 00	35	93 40	95	95 80	55	98 20	15	100 60
16	88 64	76	91 04	36	93 44	96	95 84	56	98 24	16	100 64
17	88 68	77	91 08	37	93 48	97	95 88	57	98 28	17	100 68
18	88 72	78	91 12	38	93 52	98	95 92	58	98 32	18	100 72
19	88 76	79	91 16	39	93 56	99	95 96	59	98 36	19	100 76
20	88 80	80	91 20	40	93 60	24 00	96 00	60	98 40	20	100 80

QUANTITÉS	Droit	QUANTITÉS	Droit	QUANTITÉS	Droit	QUANTITÉS	Droit	QUANTITÉS	Droit	QUANTITÉS	Droit
lit. c	fr. c.	lit. c.	fr. c.	lit. c.	fr. c.	lit. c.	fr. c.	lit. c.	fr. c.	lit. c.	fr. c.
25 21	100 84	25 81	103 24	26 41	105 64	27 01	108 04	27 61	110 44	28 21	112 84
22	100 88	82	103 28	42	105 68	02	108 08	62	110 48	22	112 88
23	100 92	83	103 32	43	105 72	03	108 12	63	110 52	23	112 92
24	100 96	84	103 36	44	105 76	04	108 16	64	110 56	24	112 96
25	101 00	85	103 40	45	105 80	05	108 20	65	110 60	25	113 00
26	101 04	86	103 44	46	105 84	06	108 24	66	110 64	26	113 04
27	101 08	87	103 48	47	105 88	07	108 28	67	110 68	27	113 08
28	101 12	88	103 52	48	105 92	08	108 32	68	110 72	28	113 12
29	101 16	89	103 56	49	105 96	09	108 36	69	110 76	29	113 16
30	101 20	90	103 60	50	106 00	10	108 40	70	110 80	30	113 20
25 31	101 24	25 91	103 64	26 51	106 04	27 11	108 44	27 71	110 84	28 31	113 24
32	101 28	92	103 68	52	106 08	12	108 48	72	110 88	32	113 28
33	101 32	93	103 72	53	106 12	13	108 52	73	110 92	33	113 32
34	101 36	94	103 76	54	106 16	14	108 56	74	110 96	34	113 36
35	101 40	95	103 80	55	106 20	15	108 60	75	111 00	35	113 40
36	101 44	96	103 84	56	106 24	16	108 64	76	111 04	36	113 44
37	101 48	97	103 88	57	106 28	17	108 68	77	111 08	37	113 48
38	101 52	98	103 92	58	106 32	18	108 72	78	111 12	38	113 52
39	101 56	99	103 96	59	106 36	19	108 76	79	111 16	39	113 56
40	101 60	26 00	104 00	60	106 40	20	108 80	80	111 20	40	113 60
25 41	101 64	26 01	104 04	26 61	106 44	27 21	108 84	27 81	111 24	28 41	113 64
42	101 68	02	104 08	62	106 48	22	108 88	82	111 28	42	113 68
43	101 72	03	104 12	63	106 52	23	108 92	83	111 32	43	113 72
44	101 76	04	104 16	64	106 56	24	108 96	84	111 36	44	113 76
45	101 80	05	104 20	65	106 60	25	109 00	85	111 40	45	113 80
46	101 84	06	104 24	66	106 64	26	109 04	86	111 44	46	113 84
47	101 88	07	104 28	67	106 68	27	109 08	87	111 48	47	113 88
48	101 92	08	104 32	68	106 72	28	109 12	88	111 52	48	113 92
49	101 96	09	104 36	69	106 76	29	109 16	89	111 56	49	113 96
50	102 00	10	104 40	70	106 80	30	109 20	90	111 60	50	114 00
25 51	102 04	26 11	104 44	26 71	106 84	27 31	109 24	27 91	111 64	28 51	114 04
52	102 08	12	104 48	72	106 88	32	109 28	92	111 68	52	114 08
53	102 12	13	104 52	73	106 92	33	109 32	93	111 72	53	114 12
54	102 16	14	104 56	74	106 96	34	109 36	94	111 76	54	114 16
55	102 20	15	104 60	75	107 00	35	109 40	95	111 80	55	114 20
56	102 24	16	104 64	76	107 04	36	109 44	96	111 84	56	114 24
57	102 28	17	104 68	77	107 08	37	109 48	97	111 88	57	114 28
58	102 32	18	104 72	78	107 12	38	109 52	98	111 92	58	114 32
59	102 36	19	104 76	79	107 16	39	109 56	99	111 96	59	114 36
60	102 40	20	104 80	80	107 20	40	109 60	28 00	112 00	60	114 40
25 61	102 44	26 21	104 84	26 81	107 24	27 41	109 64	28 01	112 04	28 61	114 44
62	102 48	22	104 88	82	107 28	42	109 68	02	112 08	62	114 48
63	102 52	23	104 92	83	107 32	43	109 72	03	112 12	63	114 52
64	102 56	24	104 96	84	107 36	44	109 76	04	112 16	64	114 56
65	102 60	25	105 00	85	107 40	45	109 80	05	112 20	65	114 60
66	102 64	26	105 04	86	107 44	46	109 84	06	112 24	66	114 64
67	102 68	27	105 08	87	107 48	47	109 88	07	112 28	67	114 68
68	102 72	28	105 12	88	107 52	48	109 92	08	112 32	68	114 72
69	102 76	29	105 16	89	107 56	49	109 96	09	112 36	69	114 76
70	102 80	30	105 20	90	107 60	50	110 00	10	112 40	70	114 80
25 71	102 84	26 31	105 24	26 91	107 64	27 51	110 04	28 11	112 44	28 71	114 84
72	102 88	32	105 28	92	107 68	52	110 08	12	112 48	72	114 88
73	102 92	33	105 32	93	107 72	53	110 12	13	112 52	73	114 92
74	102 96	34	105 36	94	107 76	54	110 16	14	112 56	74	114 96
75	103 00	35	105 40	95	107 80	55	110 20	15	112 60	75	115 00
76	103 04	36	105 44	96	107 84	56	110 24	16	112 64	76	115 04
77	103 08	37	105 48	97	107 88	57	110 28	17	112 68	77	115 08
78	103 12	38	105 52	98	107 92	58	110 32	18	112 72	78	115 12
79	103 16	39	105 56	99	107 96	59	110 36	19	112 76	79	115 16
80	103 20	40	105 60	27 00	108 00	60	110 40	20	112 80	80	115 20

QUANTITÉS lit. c.	Droit fr. c.	QUANTITÉS lit. c.	Droit fr. c.	QUANTITÉS lit. c.	Droit fr. c.	QUANTITÉS lit. c.	Droit fr. c.	QUANTITÉS lit. c.	Droit fr. c.	QUANTITÉS lit. c.	Droit fr. c.
28 81	115 24	29 41	117 64	30 01	120 04	30 61	122 44	31 21	124 84	31 81	127 24
82	115 28	42	117 68	02	120 08	62	122 48	22	124 88	82	127 28
83	115 32	43	117 72	03	120 12	63	122 52	23	124 92	83	127 32
84	115 36	44	117 76	04	120 16	64	122 56	24	124 96	84	137 36
85	115 40	45	117 80	05	120 20	65	122 60	25	125 00	85	127 40
86	115 44	46	117 84	06	120 24	66	122 64	26	125 04	86	127 44
87	115 48	47	117 88	07	120 28	67	122 68	27	125 08	87	127 48
88	115 52	48	117 92	08	120 32	68	122 72	28	125 12	88	127 52
89	115 56	49	117 96	09	120 36	69	122 76	29	125 16	89	127 56
90	115 60	50	118 00	10	120 40	70	122 80	30	125 20	90	127 60
28 91	115 64	29 51	118 04	30 11	120 44	30 71	122 84	31 31	125 24	31 91	127 64
92	115 68	52	118 08	12	120 48	72	122 88	32	125 28	92	127 68
93	115 72	53	118 12	13	120 52	73	122 92	33	125 32	93	127 72
94	115 76	54	118 16	14	120 56	74	122 96	34	125 36	94	127 76
95	115 80	55	118 20	15	120 60	75	123 00	35	125 40	95	127 80
96	115 84	56	118 24	16	120 64	76	123 04	36	125 44	96	127 84
97	115 88	57	118 28	17	120 68	77	123 08	37	125 48	97	127 88
98	115 92	58	118 32	18	120 72	78	123 12	38	125 52	98	127 92
99	115 96	59	118 36	19	120 76	79	123 16	39	125 56	99	127 96
29 00	116 00	60	118 40	20	120 80	80	123 20	40	125 60	32 00	128 00
29 01	116 04	29 61	118 44	30 21	120 84	30 81	123 24	31 41	125 64	32 01	128 04
02	116 08	62	118 48	22	120 88	82	123 28	42	125 68	02	128 08
03	116 12	63	118 52	23	120 92	83	123 32	43	125 72	03	128 12
04	116 16	64	118 56	24	120 96	84	123 36	44	125 76	04	128 16
05	116 20	65	118 60	25	121 00	85	123 40	45	125 80	05	128 20
06	116 24	66	118 64	26	121 04	86	123 44	46	125 84	06	128 24
07	116 28	67	118 68	27	121 08	87	123 48	47	125 88	07	128 28
08	116 32	68	118 72	28	121 12	88	123 52	48	125 92	08	128 32
09	116 36	69	118 76	29	121 16	89	123 56	49	125 96	09	128 36
10	116 40	70	118 80	30	121 20	90	123 60	50	126 00	10	128 40
29 11	116 44	29 71	118 84	30 31	121 24	30 91	123 64	31 51	126 04	32 11	128 44
12	116 48	72	118 88	32	121 28	92	123 68	52	126 08	12	128 48
13	116 52	73	118 92	33	121 32	93	123 72	53	126 12	13	128 52
14	116 56	74	118 96	34	121 36	94	123 76	54	126 16	14	128 56
15	116 60	75	119 00	35	121 40	95	123 80	55	126 20	15	128 60
16	116 64	76	119 04	36	121 44	96	123 84	56	126 24	16	128 64
17	116 68	77	119 08	37	121 48	97	123 88	57	126 28	17	128 68
18	116 72	78	119 12	38	121 52	98	123 92	58	126 32	18	128 72
19	116 76	79	119 16	39	121 56	99	123 96	59	126 36	19	128 76
20	116 80	80	119 20	40	121 60	31 00	124 00	60	126 40	20	128 80
29 21	116 84	29 81	119 24	30 41	121 64	31 01	124 04	31 61	126 44	32 21	128 84
22	116 88	82	119 28	42	121 68	02	124 08	62	126 48	22	128 88
23	116 92	83	119 32	43	121 72	03	124 12	63	126 52	23	128 92
24	116 96	84	119 36	44	121 76	04	124 16	64	126 56	24	128 96
25	117 00	85	119 40	45	121 80	05	124 20	65	126 60	25	129 00
26	117 04	86	119 44	46	121 84	06	124 24	66	126 64	26	129 04
27	117 08	87	119 48	47	121 88	07	124 28	67	126 68	27	129 08
28	117 12	88	119 52	48	121 92	08	124 32	68	126 72	28	129 12
29	117 16	89	119 56	40	121 96	09	124 36	69	126 76	29	129 16
30	117 20	90	119 60	50	122 00	10	124 40	70	126 80	30	129 20
29 31	117 24	29 91	119 64	30 51	122 04	31 11	124 44	31 71	126 84	32 31	129 24
32	117 28	92	119 68	52	122 08	12	124 48	72	126 88	32	129 28
33	117 32	93	119 72	53	122 12	13	124 52	73	126 92	33	129 32
34	117 36	94	119 76	54	122 16	14	124 56	74	126 96	34	129 36
35	117 40	95	119 80	55	122 20	15	124 60	75	127 00	35	129 40
36	117 44	96	119 84	56	122 24	16	124 64	76	127 04	36	129 44
37	117 48	97	119 88	57	122 28	17	124 68	77	127 08	37	129 48
38	117 52	98	119 92	58	122 32	18	124 72	78	127 12	38	129 52
39	117 56	99	119 96	59	122 36	19	124 76	79	127 16	39	129 56
40	117 60	30 00	120 00	60	122 40	20	124 80	80	127 20	40	129 60

QUANTITÉS lit. c.	Droit fr. c.	QUANTITÉS lit. c.	Droit fr. c.	QUANTITÉS lit. c.	Droit fr. c.	QUANTITÉS lit. c.	Droit fr. c.	QUANTITÉS lit. c.	Droit fr. c.	QUANTITÉS lit. c.	Droit fr. c.
32 41	129 64	33 01	132 04	33 61	134 44	34 21	136 84	34 81	139 24	35 41	141 64
42	129 68	02	132 08	62	134 48	22	136 88	82	139 28	42	141 68
43	129 72	03	132 12	63	134 52	23	136 92	83	139 32	43	141 72
44	129 76	04	132 16	64	134 56	24	136 96	84	139 36	44	141 76
45	129 80	05	132 20	65	134 60	25	137 00	85	139 40	45	141 80
46	129 84	06	132 24	66	134 64	26	137 04	86	139 44	46	141 84
47	129 88	07	132 28	67	134 68	27	137 08	87	139 48	47	141 88
48	129 92	08	132 32	68	134 72	28	137 12	88	139 52	48	141 92
49	129 96	09	132 36	69	134 76	29	137 16	89	139 56	49	141 96
50	130 00	10	132 40	70	134 80	30	137 20	90	139 60	50	142 00
32 51	130 04	33 11	132 44	33 71	134 84	34 31	137 24	34 91	139 64	35 51	142 04
52	130 08	12	132 48	72	134 88	32	137 28	92	139 68	52	142 08
53	130 12	13	132 52	73	134 92	33	137 32	93	139 72	53	142 12
54	130 16	14	132 56	74	134 96	34	137 36	94	139 76	54	142 16
55	130 20	15	132 60	75	135 00	35	137 40	95	139 80	55	142 20
56	130 24	16	132 64	76	135 04	36	137 44	96	139 84	56	142 24
57	130 28	17	132 68	77	135 08	37	137 48	97	139 88	57	142 28
58	130 32	18	132 72	78	135 12	38	137 52	98	139 92	58	142 32
59	130 36	19	132 76	79	135 16	39	137 56	99	139 96	59	142 36
60	130 40	20	132 80	80	135 20	40	137 60	35 00	140 00	60	142 40
32 61	130 44	33 21	132 84	33 81	135 24	34 41	137 64	35 01	140 04	35 61	142 44
62	130 48	22	132 88	82	135 28	42	137 68	02	140 08	62	142 48
63	130 52	23	132 92	83	135 32	43	137 72	03	140 12	63	142 52
64	130 56	24	132 96	84	135 36	44	137 76	04	140 16	64	142 56
65	130 60	25	133 00	85	135 40	45	137 80	05	140 20	65	142 60
66	130 64	26	133 04	86	135 44	46	137 84	06	140 24	66	142 64
67	130 68	27	133 08	87	135 48	47	137 88	07	140 28	67	142 68
68	130 72	28	133 12	88	135 52	48	137 92	08	140 32	68	142 72
69	130 76	29	133 16	89	135 56	49	137 96	09	140 36	69	142 76
70	130 80	30	133 20	90	135 60	50	138 00	10	140 40	70	142 80
32 71	130 84	33 31	133 24	33 91	135 64	34 51	138 04	35 11	140 44	35 71	142 84
72	130 88	32	133 28	92	135 68	52	138 08	12	140 48	72	142 88
73	130 92	33	133 32	93	135 72	53	138 12	13	140 52	73	142 92
74	130 96	34	133 36	94	135 76	54	138 16	14	140 56	74	142 96
75	131 00	35	133 40	95	135 80	55	138 20	15	140 60	75	143 00
76	131 04	36	133 44	96	135 84	56	138 24	16	140 64	76	143 04
77	131 08	37	133 48	97	135 88	57	138 28	17	140 68	77	143 08
78	131 12	38	133 52	98	135 92	58	138 32	18	140 72	78	143 12
79	131 16	39	133 56	99	135 96	59	138 36	19	140 76	79	143 16
80	131 20	40	133 60	34 00	136 00	60	138 40	20	140 80	80	143 20
32 81	131 24	33 41	133 64	34 01	136 04	34 61	138 44	35 21	140 84	35 81	143 24
82	131 28	42	133 68	02	136 08	62	138 48	22	140 88	82	143 28
83	131 32	43	133 72	03	136 12	63	138 52	23	140 92	83	143 32
84	131 36	44	133 76	04	136 16	64	138 56	24	140 96	84	143 36
85	131 40	45	133 80	05	136 20	65	138 60	25	141 00	85	143 40
86	131 44	46	133 84	06	136 24	66	138 64	26	141 04	86	143 44
87	131 48	47	133 88	07	136 28	67	138 68	27	141 08	87	143 48
88	131 52	48	133 92	08	136 32	68	138 72	28	141 12	88	143 52
89	131 56	49	133 96	09	136 36	69	138 76	29	141 16	89	143 56
90	131 60	50	134 00	10	136 40	70	138 80	30	141 20	90	143 60
32 91	131 64	33 51	134 04	34 11	136 44	34 71	138 84	35 31	141 24	35 91	143 64
92	131 68	52	134 08	12	136 48	72	138 88	32	141 28	92	143 68
93	131 72	53	134 12	13	136 52	73	138 92	33	141 32	93	143 72
94	131 76	54	134 16	14	136 56	74	138 96	34	141 36	94	143 76
95	131 80	55	134 20	15	136 60	75	139 00	35	141 40	95	143 80
96	131 84	56	134 24	16	136 64	76	139 04	36	141 44	96	143 84
97	131 88	57	134 28	17	136 68	77	139 08	37	141 48	97	143 88
98	131 92	58	134 32	18	136 72	78	139 12	38	141 52	98	143 92
99	131 96	59	134 36	19	136 76	79	139 16	39	141 56	99	143 96
33 00	132 00	60	134 40	20	136 80	80	139 20	40	141 60	36 00	144 00

QUANTITÉS lit. c.	Droit fr. c.	QUANTITÉS lit. c.	Droit fr. c.	QUANTITÉS lit. c.	Droit fr. c.	QUANTITÉS lit. c	Droit fr. c	QUANTITÉS lit. c.	Droit fr. c.	QUANTITÉS lit c	Droit fr. c.
36 01	144 04	36 61	146 44	37 21	148 84	37 81	151 24	38 41	153 64	39 01	156 04
02	144 08	62	146 48	22	148 88	82	151 28	42	153 68	02	156 08
03	144 12	63	146 52	23	148 92	83	151 32	43	153 72	03	156 12
04	144 16	64	146 56	24	148 96	84	151 36	44	153 76	04	156 16
05	144 20	65	146 60	25	149 00	85	151 40	45	153 80	05	156 20
06	144 24	66	146 64	26	149 04	86	151 44	46	153 84	06	156 24
07	144 28	67	146 68	27	149 08	87	151 48	47	153 88	07	156 28
08	144 32	68	146 72	28	149 12	88	151 52	48	153 92	08	156 32
09	144 36	69	146 76	29	149 16	89	151 56	49	153 96	09	156 36
10	144 40	70	146 80	30	149 20	90	151 60	50	154 00	10	156 40
36 11	144 44	36 71	146 84	37 31	149 24	37 91	151 64	38 51	154 04	39 11	156 44
12	144 48	72	146 88	32	149 28	92	151 68	52	154 08	12	156 48
13	144 52	73	146 92	33	149 32	93	151 72	53	154 12	13	156 52
14	144 56	74	146 96	34	149 36	94	151 76	54	154 16	14	156 56
15	144 60	75	147 00	35	149 40	95	151 80	55	154 20	15	156 60
16	144 64	76	147 04	36	149 44	96	151 84	56	154 24	16	156 64
17	144 68	77	147 08	37	149 48	97	151 88	57	154 28	17	156 68
18	144 72	78	147 12	38	149 52	98	151 92	58	154 32	18	156 72
19	144 76	79	147 16	39	149 56	99	151 96	59	154 36	19	156 76
20	144 80	80	147 20	40	149 60	38 00	152 00	60	154 40	20	156 80
36 21	144 84	36 81	147 24	37 41	149 64	38 01	152 04	38 61	154 44	39 21	156 84
22	144 88	82	147 28	42	149 68	02	152 08	62	154 48	22	156 88
23	144 92	83	147 32	43	149 72	03	152 12	63	154 52	23	156 92
24	144 96	84	147 36	44	149 76	04	152 16	64	154 56	24	156 96
25	145 00	85	147 40	45	149 80	05	152 20	65	154 60	25	157 00
26	145 04	86	147 44	46	149 84	06	152 24	66	154 64	26	157 04
27	145 08	87	147 48	47	149 88	07	152 28	67	154 68	27	157 08
28	145 12	88	147 52	48	149 92	08	152 32	68	154 72	28	157 12
29	145 16	89	147 56	49	149 96	09	152 36	69	154 76	29	157 16
30	145 20	90	147 60	50	150 00	10	152 40	70	154 80	30	157 20
36 31	145 24	36 91	147 64	37 51	150 04	38 11	152 44	38 71	154 84	39 31	157 24
32	145 28	92	147 68	52	150 08	12	152 48	72	154 88	32	157 28
33	145 32	93	147 72	53	150 12	13	152 52	73	154 92	33	157 32
34	145 36	94	147 76	54	150 16	14	152 56	74	154 96	34	157 36
35	145 40	95	147 80	55	150 20	15	152 60	75	155 00	35	157 40
36	145 44	96	147 84	56	150 24	16	152 64	76	155 04	36	57 44
37	145 48	97	147 88	57	150 28	17	152 68	77	155 08	37	157 48
38	145 52	98	147 92	58	150 32	18	152 72	78	155 12	38	157 52
39	145 56	99	147 96	59	150 36	19	152 76	79	155 16	39	157 56
40	145 60	37 00	148 00	60	150 40	20	152 80	80	155 20	40	157 60
36 41	145 64	37 01	148 04	37 61	150 44	38 21	152 84	38 81	155 24	39 41	157 64
42	145 68	02	148 08	62	150 48	22	152 88	82	155 28	42	157 68
43	145 72	03	148 12	63	150 52	23	152 92	83	155 32	43	157 72
44	145 76	04	148 16	64	150 56	24	152 96	84	155 36	44	157 76
45	145 80	05	148 20	65	150 60	25	153 00	85	155 40	45	157 80
46	145 84	06	148 24	66	150 64	26	153 04	86	155 44	46	157 84
47	145 88	07	148 28	67	150 68	27	153 08	87	155 48	47	157 88
48	145 92	08	148 32	68	150 72	28	153 12	88	155 52	48	157 92
49	145 96	09	148 36	69	150 76	29	153 16	89	155 56	49	157 96
50	146 00	10	148 40	70	150 80	30	153 20	90	155 60	50	158 00
36 51	146 04	37 11	148 44	37 71	150 84	38 31	153 24	38 91	155 64	39 51	158 04
52	146 08	12	148 48	72	150 88	32	153 28	92	155 68	52	158 08
53	146 12	13	148 52	73	150 92	33	153 32	93	155 72	53	158 12
54	146 16	14	148 56	74	150 96	34	153 36	94	155 76	54	158 16
55	146 20	15	148 60	75	151 00	35	153 40	95	155 80	55	158 20
56	146 24	16	148 64	76	151 04	36	153 44	96	155 84	56	158 24
57	146 28	17	148 68	77	151 08	37	153 48	97	155 88	57	158 28
58	146 32	18	148 72	78	151 12	38	153 52	98	155 92	58	158 32
59	146 36	19	148 76	79	151 16	39	153 56	99	155 96	59	158 36
60	146 40	20	148 80	80	151 20	40	153 60	39 00	156 00	60	158 40

QUANTITÉS	Droit	QUANTITÉS	Droit	QUANTITÉS	Droit	QUANTITÉS	Droit	QUANTITÉS	Droit	QUANTITÉS	Droit
lit. c.	fr. c.	lit. c	fr. c.	lit. c.	fr c.	lit. c.	fr. c.	lit. c.	fr. c.	lit. c.	fr c.
39 61	158 44	40 21	160 84	40 81	163 24	41 41	165 64	42 01	168 04	42 61	170 44
62	158 48	22	160 88	82	163 28	42	165 68	02	168 08	62	170 48
63	158 52	23	160 92	83	163 32	43	165 72	03	168 12	63	170 52
64	158 56	24	160 96	84	163 36	44	165 76	04	168 16	64	170 56
65	158 60	25	161 00	85	163 40	45	165 80	05	168 20	65	170 60
66	158 64	26	161 04	86	163 44	46	165 84	06	168 24	66	170 64
67	158 68	27	161 08	87	163 48	47	165 88	07	168 28	67	170 68
68	158 72	28	161 12	88	163 52	48	165 92	08	168 32	68	170 72
69	158 76	29	161 16	89	163 56	49	165 96	09	168 36	69	170 76
70	158 80	30	161 20	90	163 60	50	166 00	10	168 40	70	170 80
39 71	158 84	40 31	161 24	40 91	163 64	41 51	166 04	42 11	168 44	42 71	170 84
72	158 88	32	161 28	92	163 68	52	166 08	12	168 48	72	170 88
73	158 92	33	161 32	93	163 72	53	166 12	13	168 52	73	170 92
74	158 96	34	161 36	94	163 76	54	166 16	14	168 56	74	170 96
75	159 00	35	161 40	95	163 80	55	166 20	15	168 60	75	171 00
76	159 04	36	161 44	96	163 84	56	166 24	16	168 64	76	171 04
77	159 08	37	161 48	97	163 88	57	166 28	17	168 68	77	171 08
78	159 12	38	161 52	98	163 92	58	166 32	18	168 72	78	171 12
79	159 16	39	161 56	99	163 96	59	166 36	19	168 76	79	171 16
80	159 20	40	161 60	41 00	164 00	60	166 40	20	168 80	80	171 20
39 81	159 24	40 41	161 64	41 01	164 04	41 61	166 44	42 21	168 84	42 81	171 24
82	159 28	42	161 68	02	164 08	62	166 48	22	168 88	82	171 28
83	159 32	43	161 72	03	164 12	63	166 52	23	168 92	83	171 32
84	159 36	44	161 76	04	164 16	64	166 56	24	168 96	84	171 36
85	159 40	45	161 80	05	164 20	65	166 60	25	169 00	85	171 40
86	159 44	46	161 84	06	164 24	66	166 64	26	169 04	86	171 44
87	159 48	47	161 88	07	164 28	67	166 68	27	169 08	87	171 48
88	159 52	48	161 92	08	164 32	68	166 72	28	169 12	88	171 52
89	159 56	49	161 96	09	164 36	69	166 76	29	169 16	89	171 56
90	159 60	50	162 00	10	164 40	70	166 80	30	169 20	90	171 60
39 91	159 64	40 51	162 04	41 11	164 44	41 71	166 84	42 31	169 24	42 91	171 64
92	159 68	52	162 08	12	164 48	72	166 88	32	169 28	92	171 68
93	159 72	53	162 12	13	164 52	73	166 92	33	169 32	93	171 72
94	159 76	54	162 16	14	164 56	74	166 96	34	169 36	94	171 76
95	159 80	55	162 20	15	164 60	75	167 00	35	169 40	95	171 80
96	159 84	56	162 24	16	164 64	76	167 04	36	169 44	96	171 84
97	159 88	57	162 28	17	164 68	77	167 08	37	169 48	97	171 88
98	159 92	58	162 32	18	164 72	78	167 12	38	169 52	98	171 92
99	159 96	59	162 36	19	164 76	79	167 16	39	169 56	99	171 96
40 00	160 00	60	162 40	20	164 80	80	167 20	40	169 60	43 00	172 00
40 01	160 04	40 61	162 44	41 21	164 84	41 81	167 24	42 41	169 64	43 01	172 04
02	160 08	62	162 48	22	164 88	82	167 28	42	169 68	02	172 08
03	160 12	63	162 52	23	164 92	83	167 32	43	169 72	03	172 12
04	160 16	64	162 56	24	164 96	84	167 36	44	169 76	04	172 16
05	160 20	65	162 60	25	165 00	85	167 40	45	169 80	05	172 20
06	160 24	66	162 64	26	165 04	86	167 44	46	169 84	06	172 24
07	160 28	67	162 68	27	165 08	87	167 48	47	169 88	07	172 28
08	160 32	68	162 72	28	165 12	88	167 52	48	169 92	08	172 32
09	160 36	69	162 76	29	165 16	89	167 56	49	169 96	09	172 36
10	160 40	70	162 80	30	165 20	90	167 60	50	170 00	10	172 40
40 11	160 44	40 71	162 84	41 31	165 24	41 91	167 64	42 51	170 04	43 11	172 44
12	160 48	72	162 88	32	165 28	92	167 68	52	170 08	12	172 48
13	160 52	73	162 92	33	165 32	93	167 72	53	170 12	13	172 52
14	160 56	74	162 96	34	165 36	94	167 76	54	170 16	14	172 56
15	160 60	75	163 00	35	165 40	95	167 80	55	170 20	15	172 60
16	160 64	76	163 04	36	165 44	96	167 84	56	170 24	16	172 64
17	160 68	77	163 08	37	165 48	97	167 88	57	170 28	17	172 68
18	160 72	78	163 12	38	165 52	98	167 92	58	170 32	18	172 72
19	160 76	79	163 16	39	165 56	99	167 96	59	170 36	19	172 76
20	160 80	80	163 20	40	165 60	42 00	168 00	60	170 40	20	172 80

QUANTITÉS	Droit	QUANTITÉS	Droit	QUANTITÉS	Droit	QUANTITÉS	Droit	QUANTITÉS	Droit	QUANTITÉS	Droit
lit. c.	fr. c.	lit. c.	fr. c.	lit. c.	fr. c.	lit. c.	fr. c.	lit. c.	fr. c.	lit. c.	fr. c.
43 21	172 84	43 81	175 24	44 41	177 64	45 01	180 04	45 61	182 44	46 21	184 84
22	172 88	82	175 28	42	177 68	02	180 08	62	182 48	22	184 88
23	172 92	83	175 32	43	177 72	03	180 12	63	182 52	23	184 92
24	172 96	84	175 36	44	177 76	04	180 16	64	182 56	24	184 96
25	173 00	85	175 40	45	177 80	05	180 20	65	182 60	25	185 00
26	173 04	86	175 44	46	177 84	06	180 24	66	182 64	26	185 04
27	173 08	87	175 48	47	177 88	07	180 28	67	182 68	27	185 08
28	173 12	88	175 52	48	177 92	08	180 32	68	182 72	28	185 12
29	173 16	89	175 56	49	177 96	09	180 36	69	182 76	29	185 16
30	173 20	90	175 60	50	178 00	10	180 40	70	182 80	30	185 20
43 31	173 24	43 91	175 64	44 51	178 04	45 11	180 44	45 71	182 84	46 31	185 24
32	173 28	92	175 68	52	178 08	12	180 48	72	182 88	32	185 28
33	173 32	93	175 72	53	178 12	13	180 52	73	182 92	33	185 32
34	173 36	94	175 76	54	178 16	14	180 56	74	182 96	34	185 36
35	173 40	95	175 80	55	178 20	15	180 60	75	183 00	35	185 40
36	173 44	96	175 84	56	178 24	16	180 64	76	183 04	36	185 44
37	173 48	97	175 88	57	178 28	17	180 68	77	183 08	37	185 48
38	173 52	98	175 92	58	178 32	18	180 72	78	183 12	38	185 52
39	173 56	99	175 96	59	178 36	19	180 76	79	183 16	39	185 56
40	173 60	44 00	176 00	60	178 40	20	180 80	80	183 20	40	185 60
43 41	173 64	44 01	176 04	44 61	178 44	45 21	180 84	45 81	183 24	46 41	185 64
42	173 68	02	176 08	62	178 48	22	180 88	82	183 28	42	185 68
43	173 72	03	176 12	63	178 52	23	180 92	83	183 32	43	185 72
44	173 76	04	176 16	64	178 56	24	180 96	84	183 36	44	185 76
45	173 80	05	176 20	65	178 60	25	181 00	85	183 40	45	185 80
46	173 84	06	176 24	66	178 64	26	181 04	86	183 44	46	185 84
47	173 88	07	176 28	67	178 68	27	181 08	87	183 48	47	185 88
48	173 92	08	176 32	68	178 72	28	181 12	88	183 52	48	185 92
49	173 96	09	176 36	69	178 76	29	181 16	89	183 56	49	185 96
50	174 00	10	176 40	70	178 80	30	181 20	90	183 60	50	186 00
43 51	174 04	44 11	176 44	44 71	178 84	45 31	181 24	45 91	183 64	46 51	186 04
52	174 08	12	176 48	72	178 88	32	181 28	92	183 68	52	186 08
53	174 12	13	176 52	73	178 92	33	181 32	93	183 72	53	186 12
54	174 16	14	176 56	74	178 96	34	181 36	94	183 76	54	186 16
55	174 20	15	176 60	75	179 00	35	181 40	95	183 80	55	186 20
56	174 24	16	176 64	76	179 04	36	181 44	96	183 84	56	186 24
57	174 28	17	176 68	77	179 08	37	181 48	97	183 88	57	186 28
58	174 32	18	176 72	78	179 12	38	181 52	98	183 92	58	186 32
59	174 36	19	176 76	79	179 16	39	181 56	99	183 96	59	186 36
60	174 40	20	176 80	80	179 20	40	181 60	46 00	184 00	60	186 40
43 61	174 44	44 21	176 84	44 81	179 24	45 41	181 64	46 01	184 04	46 61	186 44
62	174 48	22	176 88	82	179 28	42	181 68	02	184 08	62	186 48
63	174 52	23	176 92	83	179 32	43	181 72	03	184 12	63	186 52
64	174 56	24	176 96	84	179 36	44	181 76	04	184 16	64	186 56
65	174 60	25	177 00	85	179 40	45	181 80	05	184 20	65	186 60
66	174 64	26	177 04	86	179 44	46	181 84	06	184 24	66	186 64
67	174 68	27	177 08	87	179 48	47	181 88	07	184 28	67	186 68
68	174 72	28	177 12	88	179 52	48	181 92	08	184 32	68	186 72
69	174 76	29	177 16	89	179 56	49	181 96	09	184 36	69	186 76
70	174 80	30	177 20	90	179 60	50	182 00	10	184 40	70	186 80
43 71	174 84	44 31	177 24	44 91	179 64	45 51	182 04	46 11	184 44	46 71	186 84
72	174 88	32	177 28	92	179 68	52	182 08	12	184 48	72	186 88
73	174 92	33	177 32	93	179 72	53	182 12	13	184 52	73	186 92
74	174 96	34	177 36	94	179 76	54	182 16	14	184 56	74	186 96
75	175 00	35	177 40	95	179 80	55	182 20	15	184 60	75	187 00
76	175 04	36	177 44	96	179 84	56	182 24	16	184 64	76	187 04
77	175 08	37	177 48	97	179 88	57	182 28	17	184 68	77	187 08
78	175 12	38	177 52	98	179 92	58	182 32	18	184 72	78	187 12
79	175 16	39	177 56	99	179 96	59	182 36	19	184 76	79	187 16
80	175 20	40	177 60	45 00	180 00	60	182 40	20	184 80	80	187 20

QUANTITÉS	Droit	QUANTITÉS	Droit	QUANTITÉS	Droit	QUANTITÉS	Droit	QUANTITÉS	Droit	QUANTITÉS	Droit
lit. c	fr. c.	lit. c.	fr. c.	lit. c.	fr. c.	lit. c.	fr. c.	lit. c.	fr. c.	lit. c.	fr. c.
46 81	187 24	47 41	189 64	48 01	192 04	48 61	194 44	49 21	196 84	49 81	199 24
82	187 28	42	189 68	02	192 08	62	194 48	22	196 88	82	199 28
83	187 32	43	189 72	03	192 12	63	194 52	23	196 92	83	199 32
84	187 36	44	189 76	04	192 16	64	194 56	24	196 96	84	199 36
85	187 40	45	189 80	05	192 20	65	194 60	25	197 00	85	199 40
86	187 44	46	189 84	06	192 24	66	194 64	26	197 04	86	199 44
87	187 48	47	189 88	07	192 28	67	194 68	27	197 08	87	199 48
88	187 52	48	189 92	08	192 32	68	194 72	28	197 12	88	199 52
89	187 56	49	189 96	09	192 36	69	194 76	29	197 16	89	199 56
90	187 60	50	190 00	10	192 40	70	194 80	30	197 20	90	199 60
46 91	187 64	47 51	190 04	48 11	192 44	48 71	194 84	49 31	197 24	49 91	199 64
92	187 68	52	190 08	12	192 48	72	194 88	32	197 28	92	199 68
93	187 72	53	190 12	13	192 52	73	194 92	33	197 32	93	199 72
94	187 76	54	190 16	14	192 56	74	194 96	34	197 36	94	199 76
95	187 80	55	190 20	15	192 60	75	195 00	35	197 40	95	199 80
96	187 84	56	190 24	16	192 64	76	195 04	36	197 44	96	199 84
97	187 88	57	190 28	17	192 68	77	195 08	37	197 48	97	199 88
98	187 92	58	190 32	18	192 72	78	195 12	38	197 52	98	199 92
99	187 96	59	190 36	19	192 76	79	195 16	39	197 56	99	199 96
47 00	188 00	60	190 40	20	192 80	80	195 20	40	197 60	50 00	200 00
47 01	188 04	47 61	190 44	48 21	192 84	48 81	195 24	49 41	197 64	50 01	200 04
02	188 08	62	190 48	22	192 88	82	195 28	42	197 68	02	200 08
03	188 12	63	190 52	23	192 92	83	195 32	43	197 72	03	200 12
04	188 16	64	190 56	24	192 96	84	195 36	44	197 76	04	200 16
05	188 20	65	190 60	25	193 00	85	195 40	45	197 80	05	200 20
06	188 24	66	190 64	26	193 04	86	195 44	46	197 84	06	200 24
07	188 28	67	190 68	27	193 08	87	195 48	47	197 88	07	200 28
08	188 32	68	190 72	28	193 12	88	195 52	48	197 92	08	200 32
09	188 36	69	190 76	29	193 16	89	195 56	49	197 96	09	200 36
10	188 40	70	190 80	30	193 20	90	195 60	50	198 00	10	200 40
47 11	188 44	47 71	190 84	48 31	193 24	48 91	195 64	49 51	198 04	50 11	200 44
12	188 48	72	190 88	32	193 28	92	195 68	52	198 08	12	200 48
13	188 52	73	190 92	33	193 32	93	195 72	53	198 12	13	200 52
14	188 56	74	190 96	34	193 36	94	195 76	54	198 16	14	200 56
15	188 60	75	191 00	35	193 40	95	195 80	55	198 20	15	200 60
16	188 64	76	191 04	36	193 44	96	195 84	56	198 24	16	200 64
17	188 68	77	191 08	37	193 48	97	195 88	57	198 28	17	200 68
18	188 72	78	191 12	38	193 52	98	195 92	58	198 32	18	200 72
19	188 76	79	191 16	39	193 56	99	195 96	59	198 36	19	200 76
20	188 80	80	191 20	40	193 60	49 00	196 00	60	198 40	20	200 80
47 21	188 84	47 81	191 24	48 41	193 64	49 01	196 04	49 61	198 44	50 21	200 84
22	188 88	82	191 28	42	193 68	02	196 08	62	198 48	22	200 88
23	188 92	83	191 32	43	193 72	03	196 12	63	198 52	23	200 92
24	188 96	84	191 36	44	193 76	04	196 16	64	198 56	24	200 96
25	189 00	85	191 40	45	193 80	05	196 20	65	198 60	25	201 00
26	189 04	86	191 44	46	193 84	06	196 24	66	198 64	26	201 04
27	189 08	87	191 48	47	193 88	07	196 28	67	198 68	27	201 08
28	189 12	88	191 52	48	193 92	08	196 32	68	198 72	28	201 12
29	189 16	89	191 56	49	193 96	09	196 36	69	198 76	29	201 16
30	189 20	90	191 60	50	194 00	10	196 40	70	198 80	30	201 20
47 31	189 24	47 91	191 64	48 51	194 04	49 11	196 44	49 71	198 84	50 31	201 24
32	189 28	92	191 68	52	194 08	12	196 48	72	198 88	32	201 28
33	189 32	93	191 72	53	194 12	13	196 52	73	198 92	33	201 32
34	189 36	94	191 76	54	194 16	14	196 56	74	198 96	34	201 36
35	189 40	95	191 80	55	194 20	15	196 60	75	199 00	35	201 40
36	189 44	96	191 84	56	194 24	16	196 64	76	199 04	36	201 44
37	189 48	97	191 88	57	194 28	17	196 68	77	199 08	37	201 48
38	189 52	98	191 92	58	194 32	18	196 72	78	199 12	38	201 52
39	189 56	99	191 96	59	194 36	19	196 76	79	199 16	39	201 56
40	189 60	48 00	192 00	60	194 40	20	196 80	80	199 20	40	201 60

QUANTITÉS		Droit		QUANTITÉS		Droit		QUANTITÉS		Droit		QUANTITÉS		Droit		QUANTITÉS		Droit		QUANTITÉS		Droit	
lit.	c.	fr.	c.	lit.	c.	fr.	c.	lit.	c.	fr.	c.	lit.	c.	fr.	c.	lit.	c.	fr.	c.	lit.	c.	fr.	c.
50	41	201	64	51	01	204	04	51	61	206	44	52	21	208	84	52	81	211	24	53	41	213	64
	42	201	68		02	204	08		62	206	48		22	208	88		82	211	28		42	213	68
	43	201	72		03	204	12		63	206	52		23	208	92		83	211	32		43	213	72
	44	201	76		04	204	16		64	206	56		24	208	96		84	211	36		44	213	76
	45	201	80		05	204	20		65	206	60		25	209	00		85	211	40		45	213	80
	46	201	84		06	204	24		66	206	64		26	209	04		86	211	44		46	213	84
	47	201	88		07	204	28		67	206	68		27	209	08		87	211	48		47	213	88
	48	201	92		08	204	32		68	206	72		28	209	12		88	211	52		48	213	92
	49	201	96		09	204	36		69	206	76		29	209	16		89	211	56		49	213	96
	50	202	00		10	204	40		70	206	80		30	209	20		90	211	60		50	214	00
50	51	202	04	51	11	204	44	51	71	206	84	52	31	209	24	52	91	211	64	53	51	214	04
	52	202	08		12	204	48		72	206	88		32	209	28		92	211	68		52	214	08
	53	202	12		13	204	52		73	206	92		33	209	32		93	211	72		53	214	12
	54	202	16		14	204	56		74	206	96		34	209	36		94	211	76		54	214	16
	55	202	20		15	204	60		75	207	00		35	209	40		95	211	80		55	214	20
	56	202	24		16	204	64		76	207	04		36	209	44		96	211	84		56	214	24
	57	202	28		17	204	68		77	207	08		37	209	48		97	211	88		57	214	28
	58	202	32		18	204	72		78	207	12		38	209	52		98	211	92		58	214	32
	59	202	36		19	204	76		79	207	16		39	209	56		99	211	96		59	214	36
	60	202	40		20	204	80		80	207	20		40	209	60	53	00	212	00		60	214	40
50	61	202	44	51	21	204	84	51	81	207	24	52	41	209	64	53	01	212	04	53	61	214	44
	62	202	48		22	204	88		82	207	28		42	209	68		02	212	08		62	214	48
	63	202	52		23	204	92		83	207	32		43	209	72		03	212	12		63	214	52
	64	202	56		24	204	96		84	207	36		44	209	76		04	212	16		64	214	56
	65	202	60		25	205	00		85	207	40		45	209	80		05	212	20		65	214	60
	66	202	64		26	205	04		86	207	44		46	209	84		06	212	24		66	214	64
	67	202	68		27	205	08		87	207	48		47	209	88		07	212	28		67	214	68
	68	202	72		28	205	12		88	207	52		48	209	92		08	212	32		68	214	72
	69	202	76		29	205	16		89	207	56		49	209	96		09	212	36		69	214	76
	70	202	80		30	205	20		90	207	60		50	210	00		10	212	40		70	214	80
50	71	202	84	51	31	205	24	51	91	207	64	52	51	210	04	53	11	212	44	53	71	214	84
	72	202	88		32	205	28		92	207	68		52	210	08		12	212	48		72	214	88
	73	202	92		33	205	32		93	207	72		53	210	12		13	212	52		73	214	92
	74	202	96		34	205	36		94	207	76		54	210	16		14	212	56		74	214	96
	75	203	00		35	205	40		95	207	80		55	210	20		15	212	60		75	215	00
	76	203	04		36	205	44		96	207	84		56	210	24		16	212	64		76	215	04
	77	203	08		37	205	48		97	207	88		57	210	28		17	212	68		77	215	08
	78	203	12		38	205	52		98	207	92		58	210	32		18	212	72		78	215	12
	79	203	16		39	205	56		99	207	96		59	210	36		19	212	76		79	215	16
	80	203	20		40	205	60	52	00	208	00		60	210	40		20	212	80		80	215	20
50	81	203	24	51	41	205	64	52	01	208	04	52	61	210	44	53	21	212	84	53	81	215	24
	82	203	28		42	205	68		02	208	08		62	210	48		22	212	88		82	215	28
	83	203	32		43	205	72		03	208	12		63	210	52		23	212	92		83	215	32
	84	203	36		44	205	76		04	208	16		64	210	56		24	212	96		84	215	36
	85	203	40		45	205	80		05	208	20		65	210	60		25	213	00		85	215	40
	86	203	44		46	205	84		06	208	24		66	210	64		26	213	04		86	215	44
	87	203	48		47	205	88		07	208	28		67	210	68		27	213	08		87	215	48
	88	203	52		48	205	92		08	208	32		68	210	72		28	213	12		88	215	52
	89	203	56		49	205	96		09	208	36		69	210	76		29	213	16		89	215	56
	90	203	60		50	206	00		10	208	40		70	210	80		30	213	20		90	215	60
50	91	203	64	51	51	206	04	52	11	208	44	52	71	210	84	53	31	213	24	53	91	215	64
	92	203	68		52	206	08		12	208	48		72	210	88		32	213	28		92	215	68
	93	203	72		53	206	12		13	208	52		73	210	92		33	213	32		93	215	72
	94	203	76		54	206	16		14	208	56		74	210	96		34	213	36		94	215	76
	95	203	80		55	206	20		15	208	60		75	211	00		35	213	40		95	215	80
	96	203	84		56	206	24		16	208	64		76	211	04		36	213	44		96	215	84
	97	203	88		57	206	28		17	208	68		77	211	08		37	213	48		97	215	88
	98	203	92		58	206	32		18	208	72		78	211	12		38	213	52		98	215	92
	99	203	96		59	206	36		19	208	76		79	211	16		39	213	56		99	215	96
51	00	204	00		60	206	40		20	208	80		80	211	20		40	213	60	54	00	216	00

QUANTITÉS	Droit	QUANTITÉS	Droit	QUANTITÉS	Droit	QUANTITÉS	Droit	QUANTITÉS	Droit	QUANTITÉS	Droit
lit. c.	fr. c	lit. c.	fr. c.	lit. c.	fr. c.	lit. c.	fr. c.	lit. c.	fr. c.	lit. c.	fr. c.
54 01	216 04	54 61	218 44	55 21	220 84	55 81	223 24	56 41	225 64	57 01	228 04
02	216 08	62	218 48	22	220 88	82	223 28	42	225 68	02	228 08
03	216 12	63	218 52	23	220 92	83	223 32	43	225 72	03	228 12
04	216 16	64	218 56	24	220 96	84	223 36	44	225 76	04	228 16
05	216 20	65	218 60	25	221 00	85	223 40	45	225 80	05	228 20
06	216 24	66	218 64	26	221 04	86	223 44	46	225 84	06	228 24
07	216 28	67	218 68	27	221 08	87	223 48	47	225 88	07	228 28
08	216 32	68	218 72	28	221 12	88	223 52	48	225 92	08	228 32
09	216 36	69	218 76	29	221 16	89	223 56	49	225 96	09	228 36
10	216 40	70	218 80	30	221 20	90	223 60	50	226 00	10	228 40
54 11	216 44	54 71	218 84	55 31	221 24	55 91	223 64	56 51	226 04	57 11	228 44
12	216 48	72	218 88	32	221 28	92	223 68	52	226 08	12	228 48
13	216 52	73	218 92	33	221 32	93	223 72	53	226 12	13	228 52
14	216 56	74	218 96	34	221 36	94	223 76	54	226 16	14	228 56
15	216 60	75	219 00	35	221 40	95	223 80	55	226 20	15	228 60
16	216 64	76	219 04	36	221 44	96	223 84	56	226 24	16	228 64
17	216 68	77	219 08	37	221 48	97	223 88	57	226 28	17	228 68
18	216 72	78	219 12	38	221 52	98	223 92	58	226 32	18	228 72
19	216 76	79	219 16	39	221 56	99	223 96	59	226 36	19	228 76
20	216 80	80	219 20	40	221 60	56 00	224 00	60	226 40	20	228 80
54 21	216 84	54 81	219 24	55 41	221 64	56 01	224 04	56 61	226 44	57 21	228 84
22	216 88	82	219 28	42	221 68	02	224 08	62	226 48	22	228 88
23	216 92	83	219 32	43	221 72	03	224 12	63	226 52	23	228 92
24	216 96	84	219 36	44	221 76	04	224 16	64	226 56	24	228 96
25	217 00	85	219 40	45	221 80	05	224 20	65	226 60	25	229 00
26	217 04	86	219 44	46	221 84	06	224 24	66	226 64	26	229 04
27	217 08	87	219 48	47	221 88	07	224 28	67	226 68	27	229 08
28	217 12	88	219 52	48	221 92	08	224 32	68	226 72	28	229 12
29	217 16	89	219 56	49	221 96	09	224 36	69	226 76	29	229 16
30	217 20	90	219 60	50	222 00	10	224 40	70	226 80	30	229 20
54 31	217 24	54 91	219 64	55 51	222 04	56 11	224 44	56 71	226 84	57 31	229 24
32	217 28	92	219 68	52	222 08	12	224 48	72	226 88	32	229 28
33	217 32	93	219 72	53	222 12	13	224 52	73	226 92	33	229 32
34	217 36	94	219 76	54	222 16	14	224 56	74	226 96	34	229 36
35	217 40	95	219 80	55	222 20	15	224 60	75	227 00	35	229 40
36	217 44	96	219 84	56	222 24	16	224 64	76	227 04	36	229 44
37	217 48	97	219 88	57	222 28	17	224 68	77	227 08	37	229 48
38	217 52	98	219 92	58	222 32	18	224 72	78	227 12	38	229 52
39	217 56	99	219 96	59	222 36	19	224 76	79	227 16	39	229 56
40	217 60	55 00	220 00	60	222 40	20	224 80	80	227 20	40	229 60
54 41	217 64	55 01	220 04	55 61	222 44	56 21	224 84	56 81	227 24	57 41	229 64
42	217 68	02	220 08	62	222 48	22	224 88	82	227 28	42	229 68
43	217 72	03	220 12	63	222 52	23	224 92	83	227 32	43	229 72
44	217 76	04	220 16	64	222 56	24	224 96	84	227 36	44	229 76
45	217 80	05	220 20	65	222 60	25	225 00	85	227 40	45	229 80
46	217 84	06	220 24	66	222 64	26	225 04	86	227 44	46	229 84
47	217 88	07	220 28	67	222 68	27	225 08	87	227 48	47	229 88
48	217 92	08	220 32	68	222 72	28	225 12	88	227 52	48	229 92
49	217 96	09	220 36	69	222 76	29	225 16	89	227 56	49	229 96
50	218 00	10	220 40	70	222 80	30	225 20	90	227 60	50	230 00
54 51	218 04	55 11	220 44	55 71	222 84	56 31	225 24	56 91	227 64	57 51	230 04
52	218 08	12	220 48	72	222 88	32	225 28	92	227 68	52	230 08
53	218 12	13	220 52	73	222 92	33	225 32	93	227 72	53	230 12
54	218 16	14	220 56	74	222 96	34	225 36	94	227 76	54	230 16
55	218 20	15	220 60	75	223 00	35	225 40	95	227 80	55	230 20
56	218 24	16	220 64	76	223 04	36	225 44	96	227 84	56	230 24
57	218 28	17	220 68	77	223 08	37	225 48	97	227 88	57	230 28
58	218 32	18	220 72	78	223 12	38	225 52	98	227 92	58	230 32
59	218 36	19	220 76	79	223 16	39	225 56	99	227 96	59	230 36
60	218 40	20	220 80	80	223 20	40	225 60	57 00	228 00	60	230 40

Quantités (lit. c.)	Droit (fr. c.)	Quantités (lit. c.)	Droit (fr. c.)	Quantités (lit. c.)	Droit (fr. c.)	Quantités (lit. c.)	Droit (fr. c.)	Quantités (lit. c.)	Droit (fr. c.)	Quantités (lit. c.)	Droit (fr. c.)
57 61	230 44	58 21	232 84	58 81	235 24	59 41	237 64	60 01	240 04	60 61	242 44
62	230 48	22	232 88	82	235 28	42	237 68	02	240 08	62	242 48
63	230 52	23	232 92	83	235 32	43	237 72	03	240 12	63	242 52
64	230 56	24	232 96	84	235 36	44	237 76	04	240 16	64	242 56
65	230 60	25	233 00	85	235 40	45	237 80	05	240 20	65	242 60
66	230 64	26	233 04	86	235 44	46	237 84	06	240 24	66	242 64
67	230 68	27	233 08	87	235 48	47	237 88	07	240 28	67	242 68
68	230 72	28	233 12	88	235 52	48	237 92	08	240 32	68	242 72
69	230 76	29	233 16	89	235 56	49	237 96	09	240 36	69	242 76
70	230 80	30	233 20	90	235 60	50	238 00	10	240 40	70	242 80
57 71	230 84	58 31	233 24	58 91	235 64	59 51	238 04	60 11	240 44	60 71	242 84
72	230 88	32	233 28	92	235 68	52	238 08	12	240 48	72	242 88
73	230 92	33	233 32	93	235 72	53	238 12	13	240 52	73	242 92
74	230 96	34	233 36	94	235 76	54	238 16	14	240 56	74	242 96
75	231 00	35	233 40	95	235 80	55	238 20	15	240 60	75	243 00
76	231 04	36	233 44	96	235 84	56	238 24	16	240 64	76	243 04
77	231 08	37	233 48	97	235 88	57	238 28	17	240 68	77	243 08
78	231 12	38	233 52	98	235 92	58	238 32	18	240 72	78	243 12
79	231 16	39	233 56	99	235 96	59	238 36	19	240 76	79	243 16
80	231 20	40	233 60	59 00	236 00	60	238 40	20	240 80	80	243 20
57 81	231 24	58 41	233 64	59 01	236 04	59 61	238 44	60 21	240 84	60 81	243 24
82	231 28	42	233 68	02	236 08	62	238 48	22	240 88	82	243 28
83	231 32	43	233 72	03	236 12	63	238 52	23	240 92	83	243 32
84	231 36	44	233 76	04	236 16	64	238 56	24	240 96	84	243 36
85	231 40	45	233 80	05	236 20	65	238 60	25	241 00	85	243 40
86	231 44	46	233 84	06	236 24	66	238 64	26	241 04	86	243 44
87	231 48	47	233 88	07	236 28	67	238 68	27	241 08	87	243 48
88	231 52	48	233 92	08	236 32	68	238 72	28	241 12	88	243 52
89	231 56	49	233 96	09	236 36	69	238 76	29	241 16	89	243 56
90	231 60	50	234 00	10	236 40	70	238 80	30	241 20	90	243 60
57 91	231 64	58 51	234 04	59 11	236 44	59 71	238 84	60 31	241 24	60 91	243 64
92	231 68	52	234 08	12	236 48	72	238 88	32	241 28	92	243 68
93	231 72	53	234 12	13	236 52	73	238 92	33	241 32	93	243 72
94	231 76	54	234 16	14	236 56	74	238 96	34	241 36	94	243 76
95	231 80	55	234 20	15	236 60	75	239 00	35	241 40	95	243 80
96	231 84	56	234 24	16	236 64	76	239 04	36	241 44	96	243 84
97	231 88	57	234 28	17	236 68	77	239 08	37	241 48	97	243 88
98	231 92	58	234 32	18	236 72	78	239 12	38	241 52	98	243 92
99	231 96	59	234 36	19	236 76	79	239 16	39	241 56	99	243 96
58 00	232 00	60	234 40	20	236 80	80	239 20	40	241 60	61 00	244 00
58 01	232 04	58 61	234 44	59 21	236 84	59 81	239 24	60 41	241 64	61 01	244 04
02	232 08	62	234 48	22	236 88	82	239 28	42	241 68	02	244 08
03	232 12	63	234 52	23	236 92	83	239 32	43	241 72	03	244 12
04	232 16	64	234 56	24	236 96	84	239 36	44	241 76	04	244 16
05	232 20	65	234 60	25	237 00	85	239 40	45	241 80	05	244 20
06	232 24	66	234 64	26	237 04	86	239 44	46	241 84	06	244 24
07	232 28	67	234 68	27	237 08	87	239 48	47	241 88	07	244 28
08	232 32	68	234 72	28	237 12	88	239 52	48	241 92	08	244 32
09	232 36	69	234 76	29	237 16	89	239 56	49	241 96	09	244 36
10	232 40	70	234 80	30	237 20	90	239 60	50	242 00	10	244 40
58 11	232 44	58 71	234 84	59 31	237 24	59 91	239 64	60 51	242 04	61 11	244 44
12	232 48	72	234 88	32	237 28	92	239 68	52	242 08	12	244 48
13	232 52	73	234 92	33	237 32	93	239 72	53	242 12	13	244 52
14	232 56	74	234 96	34	237 36	94	239 76	54	242 16	14	244 56
15	232 60	75	235 00	35	237 40	95	239 80	55	242 20	15	244 60
16	232 64	76	235 04	36	237 44	96	239 84	56	242 24	16	244 64
17	232 68	77	235 08	37	237 48	97	239 88	57	242 28	17	244 68
18	232 72	78	235 12	38	237 52	98	239 92	58	242 32	18	244 72
19	232 76	79	235 16	39	237 56	99	239 96	59	242 36	19	244 76
20	232 80	80	235 20	40	237 60	60 00	240 00	60	242 40	20	244 80

QUANTITÉS	Droit	QUANTITÉS	Droit	QUANTITÉS	Droit	QUANTITÉS	Droit	QUANTITÉS	Droit	QUANTITÉS	Droit
lit. c.	fr. c.	lit. c.	fr. c.	lit. c.	fr. c.	lit. c.	fr. c.	lit. c.	fr. c.	lit. c.	fr. c.
61 21	244 84	61 81	247 24	62 41	249 64	63 01	252 04	63 61	254 44	64 21	256 84
22	244 88	82	247 28	42	249 68	02	252 08	62	254 48	22	256 88
23	244 92	83	247 32	43	249 72	03	252 12	63	254 52	23	256 92
24	244 96	84	247 36	44	249 76	04	252 16	64	254 56	24	256 96
25	245 00	85	247 40	45	249 80	05	252 20	65	254 60	25	257 00
26	245 04	86	247 44	46	249 84	06	252 24	66	254 64	26	257 04
27	245 08	87	247 48	47	249 88	07	252 28	67	254 68	27	257 08
28	245 12	88	247 52	48	249 92	08	252 32	68	254 72	28	257 12
29	245 16	89	247 56	49	249 96	09	252 36	69	254 76	29	257 16
30	245 20	90	247 60	50	250 00	10	252 40	70	254 80	30	257 20
61 31	245 24	61 91	247 64	62 51	250 04	63 11	252 44	63 71	254 84	64 31	257 24
32	245 28	92	247 68	52	250 08	12	252 48	72	254 88	32	257 28
33	245 32	93	247 72	53	250 12	13	252 52	73	254 92	33	257 32
34	245 36	94	247 76	54	250 16	14	252 56	74	254 96	34	257 36
35	245 40	95	247 80	55	250 20	15	252 60	75	255 00	35	257 40
36	245 44	96	247 84	56	250 24	16	252 64	76	255 04	36	257 44
37	245 48	97	247 88	57	250 28	17	252 68	77	255 08	37	257 48
38	245 52	98	247 92	58	250 32	18	252 72	78	255 12	38	257 52
39	245 56	99	247 96	59	250 36	19	252 76	79	255 16	39	257 56
40	245 60	62 00	248 00	60	250 40	20	252 80	80	255 20	40	257 60
61 41	245 64	62 01	248 04	62 61	250 44	63 21	252 84	63 81	255 24	64 41	257 64
42	245 68	02	248 08	62	250 48	22	252 88	82	255 28	42	257 68
43	245 72	03	248 12	63	250 52	23	252 92	83	255 32	43	257 72
44	245 76	04	248 16	64	250 56	24	252 96	84	255 36	44	257 76
45	245 80	05	248 20	65	250 60	25	253 00	85	255 40	45	257 80
46	245 84	06	248 24	66	250 64	26	253 04	86	255 44	46	257 84
47	245 88	07	248 28	67	250 68	27	253 08	87	255 48	47	257 88
48	245 92	08	248 32	68	250 72	28	253 12	88	255 52	48	257 92
49	245 96	09	248 36	69	250 76	29	253 16	89	255 56	49	257 96
50	246 00	10	248 40	70	250 80	30	253 20	90	255 60	50	258 00
61 51	246 04	62 11	248 44	62 71	250 84	63 31	253 24	63 91	255 64	64 51	258 04
52	246 08	12	248 48	72	250 88	32	253 28	92	255 68	52	258 08
53	246 12	13	248 52	73	250 92	33	253 32	93	255 72	53	258 12
54	246 16	14	248 56	74	250 96	34	253 36	94	255 76	54	258 16
55	246 20	15	248 60	75	251 00	35	253 40	95	255 80	55	258 20
56	246 24	16	248 64	76	251 04	36	253 44	96	255 84	56	258 24
57	246 28	17	248 68	77	251 08	37	253 48	97	255 88	57	258 28
58	246 32	18	248 72	78	251 12	38	253 52	98	255 92	58	258 32
59	246 36	19	248 76	79	251 16	39	253 56	99	255 96	59	258 36
60	246 40	20	248 80	80	251 20	40	253 60	64 00	256 00	60	258 40
61 61	246 44	62 21	248 84	62 81	251 24	63 41	253 64	64 01	256 04	64 61	258 44
62	246 48	22	248 88	82	251 28	42	253 68	02	256 08	62	258 48
63	246 52	23	248 92	83	251 32	43	253 72	03	256 12	63	258 52
64	246 56	24	248 96	84	251 36	44	253 76	04	256 16	64	258 56
65	246 60	25	249 00	85	251 40	45	253 80	05	256 20	65	258 60
66	246 64	26	249 04	86	251 44	46	253 84	06	256 24	66	258 64
67	246 68	27	249 08	87	251 48	47	253 88	07	256 28	67	258 68
68	246 72	28	249 12	88	251 52	48	253 92	08	256 32	68	258 72
69	246 76	29	249 16	89	251 56	49	253 96	09	256 36	69	258 76
70	246 80	30	249 20	90	251 60	50	254 00	10	256 40	70	258 80
61 71	246 84	61 31	249 24	62 91	251 64	63 51	254 04	64 11	256 44	64 71	258 84
72	246 88	32	249 28	92	251 68	52	254 08	12	256 48	72	258 88
73	246 92	33	249 32	93	251 72	53	254 12	13	256 52	73	258 92
74	246 96	34	249 36	94	251 76	54	254 16	14	256 56	74	258 96
75	247 00	35	249 40	95	251 80	55	254 20	15	256 60	75	259 00
76	247 04	36	249 44	96	251 84	56	254 24	16	256 64	76	259 04
77	247 08	37	249 48	97	251 88	57	254 28	17	256 68	77	259 08
78	247 12	38	249 52	98	251 92	58	254 32	18	256 72	78	259 12
79	247 16	39	249 56	99	251 96	59	254 36	19	256 76	79	259 16
80	247 20	40	249 60	63 00	252 00	60	254 40	20	256 80	80	259 20

QUANTITÉS	Droit	QUANTITÉS	Droit	QUANTITÉS	Droit	QUANTITÉS	Droit	QUANTITÉS	Droit	QUANTITÉS	Droit
lit. c.	fr. c.	lit. c.	fr. c.	lit. c.	fr. c.	lit. c.	fr. c.	lit. c.	fr. c.	lit. c.	fr. c.
64 81	259 24	65 41	261 64	66 01	264 04	66 61	266 44	67 21	268 84	67 81	271 24
82	259 28	42	261 68	02	264 08	62	266 48	22	268 88	82	271 28
83	259 32	43	261 72	03	264 12	63	266 52	23	268 92	83	271 32
84	259 36	44	261 76	04	264 16	64	266 56	24	268 96	84	271 36
85	259 40	45	261 80	05	264 20	65	266 60	25	269 00	85	271 40
86	259 44	46	261 84	06	264 24	66	266 64	26	269 04	86	271 44
87	259 48	47	261 88	07	264 28	67	266 68	27	269 08	87	271 48
88	259 52	48	261 92	08	264 32	68	266 72	28	269 12	88	271 52
89	259 56	49	261 96	09	264 36	69	266 76	29	269 16	89	271 56
90	259 60	50	262 00	10	264 40	70	266 80	30	269 20	90	271 60
64 91	259 64	65 51	262 04	66 11	264 44	66 71	266 84	67 31	269 24	67 91	271 64
92	259 68	52	262 08	12	264 48	72	266 88	32	269 28	92	271 68
93	259 72	53	262 12	13	264 52	73	266 92	33	269 32	93	271 72
94	259 76	54	262 16	14	264 56	74	266 96	34	269 36	94	271 76
95	259 80	55	262 20	15	264 60	75	267 00	35	269 40	95	271 80
96	259 84	56	262 24	16	264 64	76	267 04	36	269 44	96	271 84
97	259 88	57	262 28	17	264 68	77	267 08	37	269 48	97	271 88
98	259 92	58	262 32	18	264 72	78	267 12	38	269 52	98	271 92
99	259 96	59	262 36	19	264 76	79	267 16	39	269 56	99	271 96
65 00	260 00	60	262 40	20	264 80	80	267 20	40	269 60	68 00	272 00
65 01	260 04	65 61	262 44	66 21	264 84	66 81	267 24	67 41	269 64	68 01	272 04
02	260 08	62	262 48	22	264 88	82	267 28	42	269 68	02	272 08
03	260 12	63	262 52	23	264 92	83	267 32	43	269 72	03	272 12
04	260 16	64	262 56	24	264 96	84	267 36	44	269 76	04	272 16
05	260 20	65	262 60	25	265 00	85	267 40	45	269 80	05	272 20
06	260 24	66	262 64	26	265 04	86	267 44	46	269 84	06	272 24
07	260 28	67	262 68	27	265 08	87	267 48	47	269 88	07	272 28
08	260 32	68	262 72	28	265 12	88	267 52	48	269 92	08	272 32
09	260 36	69	262 76	29	265 16	89	267 56	49	269 96	09	272 36
10	260 40	70	262 80	30	265 20	90	267 60	50	270 00	10	272 40
65 11	260 44	65 71	262 84	66 31	265 24	66 91	267 64	67 51	270 04	68 11	272 44
12	260 48	72	262 88	32	265 28	92	267 68	52	270 08	12	272 48
13	260 52	73	262 92	33	265 32	93	267 72	53	270 12	13	272 52
14	260 56	74	262 96	34	265 36	94	267 76	54	270 16	14	272 56
15	260 60	75	263 00	35	265 40	95	267 80	55	270 20	15	272 60
16	260 64	76	263 04	36	265 44	96	267 84	56	270 24	16	272 64
17	260 68	77	263 08	37	265 48	97	267 88	57	270 28	17	272 68
18	260 72	78	263 12	38	265 52	98	267 92	58	270 32	18	272 72
19	260 76	79	263 16	39	265 56	99	267 96	59	270 36	19	272 76
20	260 80	80	263 20	40	265 60	67 00	268 00	60	270 40	20	272 80
65 21	260 84	65 81	263 24	66 41	265 64	67 01	268 04	67 61	270 44	68 21	272 84
22	260 88	82	263 28	42	265 68	02	268 08	62	270 48	22	272 88
23	260 92	83	263 32	43	265 72	03	268 12	63	270 52	23	272 92
24	260 96	84	263 36	44	265 76	04	268 16	64	270 56	24	272 96
25	261 00	85	263 40	45	265 80	05	268 20	65	270 60	25	273 00
26	261 04	86	263 44	46	265 84	06	268 24	66	270 64	26	273 04
27	261 08	87	263 48	47	265 88	07	268 28	67	270 68	27	273 08
28	261 12	88	263 52	48	265 92	08	268 32	68	270 72	28	273 12
29	261 16	89	263 56	49	265 96	09	268 36	69	270 76	29	273 16
30	261 20	90	263 60	50	266 00	10	268 40	70	270 80	30	273 20
65 31	261 24	65 91	263 64	66 51	266 04	67 11	268 44	67 71	270 84	68 31	273 24
32	261 28	92	263 68	52	266 08	12	268 48	72	270 88	32	273 28
33	261 32	93	263 72	53	266 12	13	268 52	73	270 92	33	273 32
34	261 36	94	263 76	54	266 16	14	268 56	74	270 96	34	273 36
35	261 40	95	263 80	55	266 20	15	268 60	75	271 00	35	273 40
36	261 44	96	263 84	56	266 24	16	268 64	76	271 04	36	273 44
37	261 48	97	263 88	57	266 28	17	268 68	77	271 08	37	273 48
38	261 52	98	263 92	58	266 32	18	268 72	78	271 12	38	273 52
39	261 56	99	263 96	59	266 36	19	268 76	79	271 16	39	273 56
40	261 60	66 00	264 00	60	266 40	20	268 80	80	271 20	40	273 60

QUANTITÉS	Droit	QUANTITÉS	Droit	QUANTITÉS	Droit	QUANTITÉS	Droit	QUANTITÉS	Droit	QUANTITÉS	Droit
lit. c.	fr. c.	lit. c.	fr. c.	lit. c.	fr. c.	lit. c.	fr. c.	lit. c.	fr. c.	lit. c.	fr. c.
68 41	273 64	69 01	276 04	69 61	278 44	70 21	280 84	70 81	283 24	71 41	285 64
42	273 68	02	276 08	62	278 48	22	280 88	82	283 28	42	285 68
43	273 72	03	276 12	63	278 52	23	280 92	83	283 32	43	285 72
44	273 76	04	276 16	64	278 56	24	280 96	84	283 36	44	285 76
45	273 80	05	276 20	65	278 60	25	281 00	85	283 40	45	285 80
46	273 84	06	276 24	66	278 64	26	281 04	86	283 44	46	285 84
47	273 88	07	276 28	67	278 68	27	281 08	87	283 48	47	285 88
48	273 92	08	276 32	68	278 72	28	281 12	88	283 52	48	285 92
49	273 96	09	276 36	69	278 76	29	281 16	89	283 56	49	285 96
50	274 00	10	276 40	70	278 80	30	281 20	90	283 60	50	286 00
68 51	274 04	69 11	276 44	69 71	278 84	70 31	281 24	70 91	283 64	71 51	286 04
52	274 08	12	276 48	72	278 88	32	281 28	92	283 68	52	286 08
53	274 12	13	276 52	73	278 92	33	281 32	93	283 72	53	286 12
54	274 16	14	276 56	74	278 96	34	281 36	94	283 76	54	286 16
55	274 20	15	276 60	75	279 00	35	281 40	95	283 80	55	286 20
56	274 24	16	276 64	76	279 04	36	281 44	96	283 84	56	286 24
57	274 28	17	276 68	77	279 08	37	281 48	97	283 88	57	286 28
58	274 32	18	276 72	78	279 12	38	281 52	98	283 92	58	286 32
59	274 36	19	276 76	79	279 16	39	281 56	99	283 96	59	286 36
60	274 40	20	276 80	80	279 20	40	281 60	71 00	284 00	60	286 40
68 61	274 44	69 21	276 84	69 81	279 24	70 41	281 64	71 01	284 04	71 61	286 44
62	274 48	22	276 88	82	279 28	42	281 68	02	284 08	62	286 48
63	274 52	23	276 92	83	279 32	43	281 72	03	284 12	63	286 52
64	274 56	24	276 96	84	279 36	44	281 76	04	284 16	64	286 56
65	274 60	25	277 00	85	279 40	45	281 80	05	284 20	65	286 60
66	274 64	26	277 04	86	279 44	46	281 84	06	284 24	66	286 64
67	274 68	27	277 08	87	279 48	47	281 88	07	284 28	67	286 68
68	274 72	28	277 12	88	279 52	48	281 92	08	284 32	68	286 72
69	274 76	29	277 16	89	279 56	49	281 96	09	284 36	69	286 76
70	274 80	30	277 20	90	279 60	50	282 00	10	284 40	70	286 80
68 71	274 84	69 31	277 24	69 91	279 64	70 51	282 04	71 11	284 44	71 71	286 84
72	274 88	32	277 28	92	279 68	52	282 08	12	284 48	72	286 88
73	274 92	33	277 32	93	279 72	53	282 12	13	284 52	73	286 92
74	274 96	34	277 36	94	279 76	54	282 16	14	284 56	74	286 96
75	275 00	35	277 40	95	279 80	55	282 20	15	284 60	75	287 00
76	275 04	36	277 44	96	279 84	56	282 24	16	284 64	76	287 04
77	275 08	37	277 48	97	279 88	57	282 28	17	284 68	77	287 08
78	275 12	38	277 52	98	279 92	58	282 32	18	284 72	78	287 12
79	275 16	39	277 56	99	279 96	59	282 36	19	284 76	79	287 16
80	275 20	40	277 60	70 00	280 00	60	282 40	20	284 80	80	287 20
68 81	275 24	69 41	277 64	70 01	280 04	70 61	282 44	71 21	284 84	71 81	287 24
82	275 28	42	277 68	02	280 08	62	282 48	22	284 88	82	287 28
83	275 32	43	277 72	03	280 12	63	282 52	23	284 92	83	287 32
84	275 36	44	277 76	04	280 16	64	282 56	24	284 96	84	287 36
85	275 40	45	277 80	05	280 20	65	282 60	25	285 00	85	287 40
86	275 44	46	277 84	06	280 24	66	282 64	26	285 04	86	287 44
87	275 48	47	277 88	07	280 28	67	282 68	27	285 08	87	287 48
88	275 52	48	277 92	08	280 32	68	282 72	28	285 12	88	287 52
89	275 56	49	277 96	09	280 36	69	282 76	29	285 16	89	287 56
90	275 60	50	278 00	10	280 40	70	282 80	30	285 20	90	287 60
68 91	275 64	69 51	278 04	70 11	280 44	70 71	282 84	71 31	285 24	71 91	287 64
92	275 68	52	278 08	12	280 48	72	282 88	32	285 28	92	287 68
93	275 72	53	278 12	13	280 52	73	282 92	33	285 32	93	287 72
94	275 76	54	278 16	14	280 56	74	282 96	34	285 36	94	287 76
95	275 80	55	278 20	15	280 60	75	283 00	35	285 40	95	287 80
96	275 84	56	278 24	16	280 64	76	283 04	36	285 44	96	287 84
97	275 88	57	278 28	17	280 68	77	283 08	37	285 48	97	287 88
98	275 92	58	278 32	18	280 72	78	283 12	38	285 52	98	287 92
99	275 96	59	278 36	19	280 76	79	283 16	39	285 56	99	287 96
69 00	276 00	60	278 40	20	280 80	80	283 20	40	285 60	72 00	288 00

QUANTITÉS lit. c.	Droit fr. c.	QUANTITÉS lit. c.	Droit fr. c.	QUANTITÉS lit. c.	Droit fr. c.	QUANTITÉS lit. c.	Droit fr. c.	QUANTITÉS lit. c.	Droit fr. c.	QUANTITÉS lit. c.	Droit fr. c.
72 01	288 04	72 61	290 44	73 21	292 84	73 81	295 24	74 41	297 64	75 01	300 04
02	288 08	62	290 48	22	292 88	82	295 28	42	297 68	02	300 08
03	288 12	63	290 52	23	292 92	83	295 32	43	297 72	03	300 12
04	288 16	64	290 56	24	292 96	84	295 36	44	297 76	04	300 16
05	288 20	65	290 60	25	293 00	85	295 40	45	297 80	05	300 20
06	288 24	66	290 64	26	293 04	86	295 44	46	297 84	06	300 24
07	288 28	67	290 68	27	293 08	87	295 48	47	297 88	07	300 28
08	288 32	68	290 72	28	293 12	88	295 52	48	297 92	08	300 32
09	288 36	69	290 76	29	293 16	89	295 56	49	297 96	09	300 36
10	288 40	70	290 80	30	293 20	90	295 60	50	298 00	10	300 40
72 11	288 44	72 71	290 84	73 31	293 24	73 91	295 64	74 51	298 04	75 11	300 44
12	288 48	72	290 88	32	293 28	92	295 68	52	298 08	12	300 48
13	288 52	73	290 92	33	293 32	93	295 72	53	298 12	13	300 52
14	288 56	74	290 96	34	293 36	94	295 76	54	298 16	14	300 56
15	288 60	75	291 00	35	293 40	95	295 80	55	298 20	15	300 60
16	288 64	76	291 04	36	293 44	96	295 84	56	298 24	16	300 64
17	288 68	77	291 08	37	293 48	97	295 88	57	298 28	17	300 68
18	288 72	78	291 12	38	293 52	98	295 92	58	298 32	18	300 72
19	288 76	79	291 16	39	293 56	99	295 96	59	298 36	19	300 76
20	288 80	80	291 20	40	293 60	74 00	296 00	60	298 40	20	300 80
72 21	288 84	72 81	291 24	73 41	293 64	74 01	296 04	74 61	298 44	75 21	300 84
22	288 88	82	291 28	42	293 68	02	296 08	62	298 48	22	300 88
23	288 92	83	291 32	43	293 72	03	296 12	63	298 52	23	300 92
24	288 96	84	291 36	44	293 76	04	296 16	64	298 56	24	300 96
25	289 00	85	291 40	45	293 80	05	296 20	65	298 60	25	301 00
26	289 04	86	291 44	46	293 84	06	296 24	66	298 64	26	301 04
27	289 08	87	291 48	47	293 88	07	296 28	67	298 68	27	301 08
28	289 12	88	291 52	48	293 92	08	296 32	68	298 72	28	301 12
29	289 16	89	291 56	49	293 96	09	296 36	69	298 76	29	301 16
30	289 20	90	291 60	50	294 00	10	296 40	70	298 80	30	301 20
72 31	289 24	72 91	291 64	73 51	294 04	74 11	296 44	74 71	298 84	75 31	301 24
32	289 28	92	291 68	52	294 08	12	296 48	72	298 88	32	301 28
33	289 32	93	291 72	53	294 12	13	296 52	73	298 92	33	301 32
34	289 36	94	291 76	54	294 16	14	296 56	74	298 96	34	301 36
35	289 40	95	291 80	55	294 20	15	296 60	75	299 00	35	301 40
36	289 44	96	291 84	56	294 24	16	296 64	76	299 04	36	301 44
37	289 48	97	291 88	57	294 28	17	296 68	77	299 08	37	301 48
38	289 52	98	291 92	58	294 32	18	296 72	78	299 12	38	301 52
39	289 56	99	291 96	59	294 36	19	296 76	79	299 16	39	301 56
40	289 60	73 00	292 00	60	294 40	20	296 80	80	299 20	40	301 60
72 41	289 64	73 01	292 04	73 61	294 44	74 21	296 84	74 81	299 24	75 41	301 64
42	289 68	02	292 08	62	294 48	22	296 88	82	299 28	42	301 68
43	289 72	03	292 12	63	294 52	23	296 92	83	299 32	43	301 72
44	289 76	04	292 16	64	294 56	24	296 96	84	299 36	44	301 76
45	289 80	05	292 20	65	294 60	25	297 00	85	299 40	45	301 80
46	289 84	06	292 24	66	294 64	26	297 04	86	299 44	46	301 84
47	289 88	07	292 28	67	294 68	27	297 08	87	299 48	47	301 88
48	289 92	08	292 32	68	294 72	28	297 12	88	299 52	48	301 92
49	289 96	09	292 36	69	294 76	29	297 16	89	299 56	49	301 96
50	290 00	10	292 40	70	294 80	30	297 20	90	299 60	50	302 00
72 51	290 04	73 11	292 44	73 71	294 84	74 31	297 24	74 91	299 64	75 51	302 04
52	290 08	12	292 48	72	294 88	32	297 28	92	299 68	52	302 08
53	290 12	13	292 52	73	294 92	33	297 32	93	299 72	53	302 12
54	290 16	14	292 56	74	294 96	34	297 36	94	299 76	54	302 16
55	290 20	15	292 60	75	295 00	35	297 40	95	299 80	55	302 20
56	290 24	16	292 64	76	295 04	36	297 44	96	299 84	56	302 24
57	290 28	17	292 68	77	295 08	37	297 48	97	299 88	57	302 28
58	290 32	18	292 72	78	295 12	38	297 52	98	299 92	58	302 32
59	290 36	19	292 76	79	295 16	39	297 56	99	299 96	59	302 36
60	290 40	20	292 80	80	295 20	40	297 60	75 00	300 00	60	302 40

QUANTITÉS	Droit	QUANTITÉS	Droit	QUANTITÉS	Droit	QUANTITÉS	Droit	QUANTITÉS	Droit	QUANTITÉS	Droit
lit. c.	fr. c.	lit. c.	fr. c.	lit. c.	fr. c.	lit. c.	fr. c.	lit. c.	fr. c.	lit. c.	fr. c.
75 61	302 44	76 21	304 84	76 81	307 24	77 41	309 64	78 01	312 04	78 61	314 44
62	302 48	22	304 88	82	307 28	42	309 68	02	312 08	62	314 48
63	302 52	23	304 92	83	307 32	43	309 72	03	312 12	63	314 52
64	302 56	24	304 96	84	307 36	44	309 76	04	312 16	64	314 56
65	302 60	25	305 00	85	307 40	45	309 80	05	312 20	65	314 60
66	302 64	26	305 04	86	307 44	46	309 84	06	312 24	66	314 64
67	302 68	27	305 08	87	307 48	47	309 88	07	312 28	67	314 68
68	302 72	28	305 12	88	307 52	48	309 92	08	312 32	68	314 72
69	302 76	29	305 16	89	307 56	49	309 96	09	312 36	69	314 76
70	302 80	30	305 20	90	307 60	50	310 00	10	312 40	70	314 80
75 71	302 84	76 31	305 24	76 91	307 64	77 51	310 04	78 11	312 44	78 71	314 84
72	302 88	32	305 28	92	307 68	52	310 08	12	312 48	72	314 88
73	302 92	33	305 32	93	307 72	53	310 12	13	312 52	73	314 92
74	302 96	34	305 36	94	307 76	54	310 16	14	312 56	74	314 96
75	303 00	35	305 40	95	307 80	55	310 20	15	312 60	75	315 00
76	303 04	36	305 44	96	307 84	56	310 24	16	312 64	76	315 04
77	303 08	37	305 48	97	307 88	57	310 28	17	312 68	77	315 08
78	303 12	38	305 52	98	307 92	58	310 32	18	312 72	78	315 12
79	303 16	39	305 56	99	307 96	59	310 36	19	312 76	79	315 16
80	303 20	40	305 60	77 00	308 00	60	310 40	20	312 80	80	315 20
75 81	303 24	76 41	305 64	77 01	308 04	77 61	310 44	78 21	312 84	78 81	315 24
82	303 28	42	305 68	02	308 08	62	310 48	22	312 88	82	315 28
83	303 32	43	305 72	03	308 12	63	310 52	23	312 92	83	315 32
84	303 36	44	305 76	04	308 16	64	310 56	24	312 96	84	315 36
85	303 40	45	305 80	05	308 20	65	310 60	25	313 00	85	315 40
86	303 44	46	305 84	06	308 24	66	310 64	26	313 04	86	315 44
87	303 48	47	305 88	07	308 28	67	310 68	27	313 08	87	315 48
88	303 52	48	305 92	08	308 32	68	310 72	28	313 12	88	315 52
89	303 56	49	305 96	09	308 36	69	310 76	29	313 16	89	315 56
90	303 60	50	306 00	10	308 40	70	310 80	30	313 20	90	315 60
75 91	303 64	76 51	306 04	77 11	308 44	77 71	310 84	78 31	313 24	78 91	315 64
92	303 68	52	306 08	12	308 48	72	310 88	32	313 28	92	315 68
93	303 72	53	306 12	13	308 52	73	310 92	33	313 32	93	315 72
94	303 76	54	306 16	14	308 56	74	310 96	34	313 36	94	315 76
95	303 80	55	306 20	15	308 60	75	311 00	35	313 40	95	315 80
96	303 84	56	306 24	16	308 64	76	311 04	36	313 44	96	315 84
97	303 88	57	306 28	17	308 68	77	311 08	37	313 48	97	315 88
98	303 92	58	306 32	18	308 72	78	311 12	38	313 52	98	315 92
99	303 96	59	306 36	19	308 76	79	311 16	39	313 56	99	315 96
76 00	304 00	60	306 40	20	308 80	80	311 20	40	313 60	79 00	316 00
75 01	304 04	76 61	306 44	77 21	308 84	77 81	311 24	78 41	313 64	79 01	316 04
02	304 08	62	306 48	22	308 88	82	311 28	42	313 68	02	316 08
03	304 12	63	306 52	23	308 92	83	311 32	43	313 72	03	316 12
04	304 16	64	306 56	24	308 96	84	311 36	44	313 76	04	316 16
05	304 20	65	306 60	25	309 00	85	311 40	45	313 80	05	316 20
06	304 24	66	306 64	26	309 04	86	311 44	46	313 84	06	316 24
07	304 28	67	306 68	27	309 08	87	311 48	47	313 88	07	316 28
08	304 32	68	306 72	28	309 12	88	311 52	48	313 92	08	316 32
09	304 36	69	306 76	29	309 16	89	311 56	49	313 96	09	316 36
10	304 40	70	306 80	30	309 20	90	311 60	50	314 00	10	316 40
76 11	304 44	76 71	306 84	77 31	309 24	77 91	311 64	78 51	314 04	79 11	316 44
12	304 48	72	306 88	32	309 28	92	311 68	52	314 08	12	316 48
13	304 52	73	306 92	33	309 32	93	311 72	53	314 12	13	316 52
14	304 56	74	306 96	34	309 36	94	311 76	54	314 16	14	316 56
15	304 60	75	307 00	35	309 40	95	311 80	55	314 20	15	316 60
16	304 64	76	307 04	36	309 44	96	311 84	56	314 24	16	316 64
17	304 68	77	307 08	37	309 48	97	311 88	57	314 28	17	316 68
18	304 72	78	307 12	38	309 52	98	311 92	58	314 32	18	316 72
19	304 76	79	307 16	39	309 56	99	311 96	59	314 36	19	316 76
20	304 80	80	307 20	40	309 60	78 00	312 00	60	314 40	20	316 80

QUANTITÉS lit. c.	Droit fr. c.	QUANTITÉS lit. c.	Droit fr. c.	QUANTITÉS lit. c.	Droit fr. c.	QUANTITÉS lit. c.	Droit fr. c.	QUANTITÉS lit. c.	Droit fr. c.	QUANTITÉS lit. c.	Droit fr. c.
79 21	316 84	79 81	319 24	80 41	321 64	81 01	324 04	81 61	326 44	82 21	328 84
22	316 88	82	319 28	42	321 68	02	324 08	62	326 48	22	328 88
23	316 92	83	319 32	43	321 72	03	324 12	63	326 52	23	328 92
24	316 96	84	319 36	44	321 76	04	324 16	64	326 56	24	328 96
25	317 00	85	319 40	45	321 80	05	324 20	65	326 60	25	329 00
26	317 04	86	319 44	46	321 84	06	324 24	66	326 64	26	329 04
27	317 08	87	319 48	47	321 88	07	324 28	67	326 68	27	329 08
28	317 12	88	319 52	48	321 92	08	324 32	68	326 72	28	329 12
29	317 16	89	319 56	49	321 96	09	324 36	69	326 76	29	329 16
30	317 20	90	319 60	50	322 00	10	324 40	70	326 80	30	329 20
79 31	317 24	79 91	319 64	80 51	322 04	81 11	324 44	81 71	326 84	82 31	329 24
32	317 28	92	319 68	52	322 08	12	324 48	72	326 88	32	329 28
33	317 32	93	319 72	53	322 12	13	324 52	73	326 92	33	329 32
34	317 36	94	319 76	54	322 16	14	324 56	74	326 96	34	329 36
35	317 40	95	319 80	55	322 20	15	324 60	75	327 00	35	329 40
36	317 44	96	319 84	56	322 24	16	324 64	76	327 04	36	329 44
37	317 48	97	319 88	57	322 28	17	324 68	77	327 08	37	329 48
38	317 52	98	319 92	58	322 32	18	324 72	78	327 12	38	329 52
39	317 56	99	319 96	59	322 36	19	324 76	79	327 16	39	329 56
40	317 60	80 00	320 00	60	322 40	20	324 80	80	327 20	40	329 60
79 41	317 64	80 01	320 04	80 61	322 44	81 21	324 84	81 81	327 24	82 41	329 64
42	317 68	02	320 08	62	322 48	22	324 88	82	327 28	42	329 68
43	317 72	03	320 12	63	322 52	23	324 92	83	327 32	43	329 72
44	317 76	04	320 16	64	322 56	24	324 96	84	327 36	44	329 76
45	317 80	05	320 20	65	322 60	25	325 00	85	327 40	45	329 80
46	317 84	06	320 24	66	322 64	26	325 04	86	327 44	46	329 84
47	317 88	07	320 28	67	322 68	27	325 08	87	327 48	47	329 88
48	317 92	08	320 32	68	322 72	28	325 12	88	327 52	48	329 92
49	317 96	09	320 36	69	322 76	29	325 16	89	327 56	49	329 96
50	318 00	10	320 40	70	322 80	30	325 20	90	327 60	50	330 00
79 51	318 04	80 11	320 44	80 71	322 84	81 31	325 24	81 91	327 64	82 51	330 04
52	318 08	12	320 48	72	322 88	32	325 28	92	327 68	52	330 08
53	318 12	13	320 52	73	322 92	33	325 32	93	327 72	53	330 12
54	318 16	14	320 56	74	322 96	34	325 36	94	327 76	54	330 16
55	318 20	15	320 60	75	323 00	35	325 40	95	327 80	55	330 20
56	318 24	16	320 64	76	323 04	36	325 44	96	327 84	56	330 24
57	318 28	17	320 68	77	323 08	37	325 48	97	327 88	57	330 28
58	318 32	18	320 72	78	323 12	38	325 52	98	327 92	58	330 32
59	318 36	19	320 76	79	323 16	39	325 56	99	327 96	59	330 36
60	318 40	20	320 80	80	323 20	40	325 60	82 00	328 00	60	330 40
79 61	318 44	80 21	320 84	80 81	323 24	81 41	325 64	82 01	328 04	82 61	330 44
62	318 48	22	320 88	82	323 28	42	325 68	02	328 08	62	330 48
63	318 52	23	320 92	83	323 32	43	325 72	03	328 12	63	330 52
64	318 56	24	320 96	84	323 36	44	325 76	04	328 16	64	330 56
65	318 60	25	321 00	85	323 40	45	325 80	05	328 20	65	330 60
66	318 64	26	321 04	86	323 44	46	325 84	06	328 24	66	330 64
67	318 68	27	321 08	87	323 48	47	325 88	07	328 28	67	330 68
68	318 72	28	321 12	88	323 52	48	325 92	08	328 32	68	330 72
69	318 76	29	321 16	89	323 56	49	325 96	09	328 36	69	330 76
70	318 80	30	321 20	90	323 60	50	326 00	10	328 40	70	330 80
79 71	318 84	80 31	321 24	80 91	323 64	81 51	326 04	82 11	328 44	82 71	330 84
72	318 88	32	321 28	92	323 68	52	326 08	12	328 48	72	330 88
73	318 92	33	321 32	93	323 72	53	326 12	13	328 52	73	330 92
74	318 96	34	321 36	94	323 76	54	326 16	14	328 56	74	330 96
75	319 00	35	321 40	95	323 80	55	326 20	15	328 60	75	331 00
76	319 04	36	321 44	96	323 84	56	326 24	16	328 64	76	331 04
77	319 08	37	321 48	97	323 88	57	326 28	17	328 68	77	331 08
78	319 12	38	321 52	98	323 92	58	326 32	18	328 72	78	331 12
79	319 16	39	321 56	99	323 96	59	326 36	19	328 76	79	331 16
80	319 20	40	321 60	81 00	324 00	60	326 40	20	328 80	80	331 20

QUANTITÉS	Droit	QUANTITÉS	Droit	QUANTITÉS	Droit	QUANTITÉS	Droit	QUANTITÉS	Droit	QUANTITÉS	Droit
lit. c	fr. c	lit. c	fr. c	lit. c	fr. c	lit. c	fr. c	lit. c	fr. c	lit. c	fr. c
82 81	331 24	83 41	333 64	84 01	336 04	84 61	338 44	85 21	340 84	85 81	343 24
82	331 28	42	333 68	02	336 08	62	338 48	22	340 88	82	343 28
83	331 32	43	333 72	03	336 12	63	338 52	23	340 92	83	343 32
84	331 36	44	333 76	04	336 16	64	338 56	24	340 96	84	343 36
85	331 40	45	333 80	05	336 20	65	338 60	25	341 00	85	343 40
86	331 44	46	333 84	06	336 24	66	338 64	26	341 04	86	343 44
87	331 48	47	333 88	07	336 28	67	338 68	27	341 08	87	343 48
88	331 52	48	333 92	08	336 32	68	338 72	28	341 12	88	343 52
89	331 56	49	333 96	09	336 36	69	338 76	29	341 16	89	343 56
90	331 60	50	334 00	10	336 40	70	338 80	30	341 20	90	343 60
82 91	331 64	83 51	334 04	84 11	336 44	84 71	338 84	85 31	341 24	85 91	343 64
92	331 68	52	334 08	12	336 48	72	338 88	32	341 28	92	343 68
93	331 72	53	334 12	13	336 52	73	338 92	33	341 32	93	343 72
94	331 76	54	334 16	14	336 56	74	338 96	34	341 36	94	343 76
95	331 80	55	334 20	15	336 60	75	339 00	35	341 40	95	343 80
96	331 84	56	334 24	16	336 64	76	339 04	36	341 44	96	343 84
97	331 88	57	334 28	17	336 68	77	339 08	37	341 48	97	343 88
98	331 92	58	334 32	18	336 72	78	339 12	38	341 52	98	343 92
99	331 96	59	334 36	19	336 76	79	339 16	39	341 56	99	343 96
83 00	332 00	60	334 40	20	336 80	80	339 20	40	341 60	86 00	344 00
83 01	332 04	83 61	334 44	84 21	336 84	84 81	339 24	85 41	341 64	86 01	344 04
02	332 08	62	334 48	22	336 88	82	339 28	42	341 68	02	344 08
03	332 12	63	334 52	23	336 92	83	339 32	43	341 72	03	344 12
04	332 16	64	334 56	24	336 96	84	339 36	44	341 76	04	344 16
05	332 20	65	334 60	25	337 00	85	339 40	45	341 80	05	344 20
06	332 24	66	334 64	26	337 04	86	339 44	46	341 84	06	344 24
07	332 28	67	334 68	27	337 08	87	339 48	47	341 88	07	344 28
08	332 32	68	334 72	28	337 12	88	339 52	48	341 92	08	344 32
09	332 36	69	334 76	29	337 16	89	339 56	49	341 96	09	344 36
10	332 40	70	334 80	30	337 20	90	339 60	50	342 00	10	344 40
83 11	332 44	83 71	334 84	84 31	337 24	84 91	339 64	85 51	342 04	86 11	344 44
12	332 48	72	334 88	32	337 28	92	339 68	52	342 08	12	344 48
13	332 52	73	334 92	33	337 32	93	339 72	53	342 12	13	344 52
14	332 56	74	334 96	34	337 36	94	339 76	54	342 16	14	344 56
15	332 60	75	335 00	35	337 40	95	339 80	55	342 20	15	344 60
16	332 64	76	335 04	36	337 44	96	339 84	56	342 24	16	344 64
17	332 68	77	335 08	37	337 48	97	339 88	57	342 28	17	344 68
18	332 72	78	335 12	38	337 52	98	339 92	58	342 32	18	344 72
19	332 76	79	335 16	39	337 56	99	339 96	59	342 36	19	344 76
20	332 80	80	335 20	40	337 60	85 00	340 00	60	342 40	20	344 80
83 21	332 84	83 81	335 24	84 41	337 64	85 01	340 04	85 61	342 44	86 21	344 84
22	332 88	82	335 28	42	337 68	02	340 08	62	342 48	22	344 88
23	332 92	83	335 32	43	337 72	03	340 12	63	342 52	23	344 92
24	332 96	84	335 36	44	337 76	04	340 16	64	342 56	24	344 96
25	333 00	85	335 40	45	337 80	05	340 20	65	342 60	25	345 00
26	333 04	86	335 44	46	337 84	06	340 24	66	342 64	26	345 04
27	333 08	87	335 48	47	337 88	07	340 28	67	342 68	27	345 08
28	333 12	88	335 52	48	337 92	08	340 32	68	342 72	28	345 12
29	333 16	89	335 56	49	337 96	09	340 36	69	342 76	29	345 16
30	333 20	90	335 60	50	338 00	10	340 40	70	342 80	30	345 20
83 31	333 24	83 91	335 64	84 51	338 04	85 11	340 44	85 71	342 84	86 31	345 24
32	333 28	92	335 68	52	338 08	12	340 48	72	342 88	32	345 28
33	333 32	93	335 72	53	338 12	13	340 52	73	342 92	33	345 32
34	333 36	94	335 76	54	338 16	14	340 56	74	342 96	34	345 36
35	333 40	95	335 80	55	338 20	15	340 60	75	343 00	35	345 40
36	333 44	96	335 84	56	338 24	16	340 64	76	343 04	36	345 44
37	333 48	97	335 88	57	338 28	17	340 68	77	343 08	37	345 48
38	333 52	98	335 92	58	338 32	18	340 72	78	343 12	38	345 52
39	333 56	99	335 96	59	338 36	19	340 76	79	343 16	39	345 56
40	333 60	84 00	336 00	60	338 40	20	340 80	80	343 20	40	345 60

Droit	QUANTITÉS	Droit	QUANTITÉS	Droit	QUANTITÉS	Droit	QUANTITÉS	Droit	QUANTITÉS	Droit	QUANTITÉS
fr. c.	lit. c.	fr. c.	lit. c.	fr. c.	lit. c.	fr. c.	lit. c.	fr. c.	lit. c.	fr. c.	lit. c.
86 41	345 64	87 01	348 04	87 61	350 44	88 21	352 84	88 81	355 24	89 41	357 64
42	345 68	02	348 08	62	350 48	22	352 88	82	355 28	42	357 68
43	345 72	03	348 12	63	350 52	23	352 92	83	355 32	43	357 72
44	345 76	04	348 16	64	350 56	24	352 96	84	355 36	44	357 76
45	345 80	05	348 20	65	350 60	25	353 00	85	355 40	45	357 80
46	345 84	06	348 24	66	350 64	26	353 04	86	355 44	46	357 84
47	345 88	07	348 28	67	350 68	27	353 08	87	355 48	47	357 88
48	345 92	08	348 32	68	350 72	28	353 12	88	355 52	48	357 92
49	345 96	09	348 36	69	350 76	29	353 16	89	355 56	49	357 96
50	346 00	10	348 40	70	350 80	30	353 20	90	355 60	50	358 00
86 51	346 04	87 11	348 44	87 71	350 84	88 31	353 24	88 91	355 64	89 51	358 04
52	346 08	12	348 48	72	350 88	32	353 28	92	355 68	52	358 08
53	346 12	13	348 52	73	350 92	33	353 32	93	355 72	53	358 12
54	346 16	14	348 56	74	350 96	34	353 36	94	355 76	54	358 16
55	346 20	15	348 60	75	351 00	35	353 40	95	355 80	55	358 20
56	346 24	16	348 64	76	351 04	36	353 44	96	355 84	56	358 24
57	346 28	17	348 68	77	351 08	37	353 48	97	355 88	57	358 28
58	346 32	18	348 72	78	351 12	38	353 52	98	355 92	58	358 32
59	346 36	19	348 76	79	351 16	39	353 56	99	355 96	59	358 36
60	346 40	20	348 80	80	351 20	40	353 60	89 00	356 00	60	358 40
86 61	346 44	87 21	348 84	87 81	351 24	88 41	353 64	89 01	356 04	89 61	358 44
62	346 48	22	348 88	82	351 28	42	353 68	02	356 08	62	358 48
63	346 52	23	348 92	83	351 32	43	353 72	03	356 12	63	358 52
64	346 56	24	348 96	84	351 36	44	353 76	04	356 16	64	358 56
65	346 60	25	349 00	85	351 40	45	353 80	05	356 20	65	358 60
66	346 64	26	349 04	86	351 44	46	353 84	06	356 24	66	358 64
67	346 68	27	349 08	87	351 48	47	353 88	07	356 28	67	358 68
68	346 72	28	349 12	88	351 52	48	353 92	08	356 32	68	358 72
69	346 76	29	349 16	89	351 56	49	353 96	09	356 36	69	358 76
70	346 80	30	349 20	90	351 60	50	354 00	10	356 40	70	358 80
86 71	346 84	87 31	349 24	87 91	351 64	88 51	354 04	89 11	356 44	89 71	358 84
72	346 88	32	349 28	92	351 68	52	354 08	12	356 48	72	358 88
73	346 92	33	349 32	93	351 72	53	354 12	13	356 52	73	358 92
74	346 96	34	349 36	94	351 76	54	354 16	14	356 56	74	358 96
75	347 00	35	349 40	95	351 80	55	354 20	15	356 60	75	359 00
76	347 04	36	349 44	96	351 84	56	354 24	16	356 64	76	359 04
77	347 08	37	349 48	97	351 88	57	354 28	17	356 68	77	359 08
78	347 12	38	349 52	98	351 92	58	354 32	18	356 72	78	359 12
79	347 16	39	349 56	99	351 96	59	354 36	19	356 76	79	359 16
80	347 20	40	349 60	88 00	352 00	60	354 40	20	356 80	80	359 20
86 81	347 24	87 41	349 64	88 01	352 04	88 61	354 44	89 21	356 84	89 81	359 24
82	347 28	42	349 68	02	352 08	62	354 48	22	356 88	82	359 28
83	347 32	43	349 72	03	352 12	63	354 52	23	356 92	83	359 32
84	347 36	44	349 76	04	352 16	64	354 56	24	356 96	84	359 36
85	347 40	45	349 80	05	352 20	65	354 60	25	357 00	85	359 40
86	347 44	46	349 84	06	352 24	66	354 64	26	357 04	86	359 44
87	347 48	47	349 88	07	352 28	67	354 68	27	357 08	87	359 48
88	347 52	48	349 92	08	352 32	68	354 72	28	357 12	88	359 52
89	347 56	49	349 96	09	352 36	69	354 76	29	357 16	89	359 56
90	347 60	50	350 00	10	352 40	70	354 80	30	357 20	90	359 60
86 91	347 64	87 51	350 04	88 11	352 44	88 71	354 84	89 31	357 24	89 91	359 64
92	347 68	52	350 08	12	352 48	72	354 88	32	357 28	92	359 68
93	347 72	53	350 12	13	352 52	73	354 92	33	357 32	93	359 72
94	347 76	54	350 16	14	352 56	74	354 96	34	357 36	94	359 76
95	347 80	55	350 20	15	352 60	75	355 00	35	357 40	95	359 80
96	347 84	56	350 24	16	352 64	76	355 04	36	357 44	96	359 84
97	347 88	57	350 28	17	352 68	77	355 08	37	357 48	97	359 88
98	347 92	58	350 32	18	352 72	78	355 12	38	357 52	98	359 92
99	347 96	59	350 36	19	352 76	79	355 16	39	357 56	99	359 96
87 00	348 00	60	350 40	20	352 80	80	355 20	40	357 60	90 00	360 00

QUANTITÉS (lit. c.)	Droit (fr. c.)	QUANTITÉS (lit. c.)	Droit (fr. c.)	QUANTITÉS (lit. c.)	Droit (fr. c.)	QUANTITÉS (lit. c.)	Droit (fr. c.)	QUANTITÉS (lit. c.)	Droit (fr. c.)	QUANTITÉS (lit. c.)	Droit (fr. c.)
90 01	360 04	90 61	362 44	91 21	364 84	91 81	367 24	92 41	369 64	93 01	372 04
02	360 08	62	362 48	22	364 88	82	367 28	42	369 68	02	372 08
03	360 12	63	362 52	23	364 92	83	367 32	43	369 72	03	372 12
04	360 16	64	362 56	24	364 96	84	367 36	44	369 76	04	372 16
05	360 20	65	362 60	25	365 00	85	367 40	45	369 80	05	372 20
06	360 24	66	362 64	26	365 04	86	367 44	46	369 84	06	372 24
07	360 28	67	362 68	27	365 08	87	367 48	47	369 88	07	372 28
08	360 32	68	362 72	28	365 12	88	367 52	48	369 92	08	372 32
09	360 36	69	362 76	29	365 16	89	367 56	49	369 96	09	372 36
10	360 40	70	362 80	30	365 20	90	367 60	50	370 00	10	372 40
90 11	360 44	90 71	362 84	91 31	365 24	91 91	367 64	92 51	370 04	93 11	372 44
12	360 48	72	362 88	32	365 28	92	367 68	52	370 08	12	372 48
13	360 52	73	362 92	33	365 32	93	367 72	53	370 12	13	372 52
14	360 56	74	362 96	34	365 36	94	367 76	54	370 16	14	372 56
15	360 60	75	363 00	35	365 40	95	367 80	55	370 20	15	372 60
16	360 64	76	363 04	36	365 44	96	367 84	56	370 24	16	372 64
17	360 68	77	363 08	37	365 48	97	367 88	57	370 28	17	372 68
18	360 72	78	363 12	38	365 52	98	367 92	58	370 32	18	372 72
19	360 76	79	363 16	39	365 56	99	367 96	59	370 36	19	372 76
20	360 80	80	363 20	40	365 60	92 00	368 00	60	370 40	20	372 80
90 21	360 84	90 81	363 24	91 41	365 64	92 01	368 04	92 61	370 44	93 21	372 84
22	360 88	82	363 28	42	365 68	02	368 08	62	370 48	22	372 88
23	360 92	83	363 32	43	365 72	03	368 12	63	370 52	23	372 92
24	360 96	84	363 36	44	365 76	04	368 16	64	370 56	24	372 96
25	361 00	85	363 40	45	365 80	05	368 20	65	370 60	25	373 00
26	361 04	86	363 44	46	365 84	06	368 24	66	370 64	26	373 04
27	361 08	87	363 48	47	365 88	07	368 28	67	370 68	27	373 08
28	361 12	88	363 52	48	365 92	08	368 32	68	370 72	28	373 12
29	361 16	89	363 56	49	365 96	09	368 36	69	370 76	29	373 16
30	361 20	90	363 60	50	366 00	10	368 40	70	370 80	30	373 20
90 31	361 24	90 91	363 64	91 51	366 04	92 11	368 44	92 71	370 84	93 31	373 24
32	361 28	92	363 68	52	366 08	12	368 48	72	370 88	32	373 28
33	361 32	93	363 72	53	366 12	13	368 52	73	370 92	33	373 32
34	361 36	94	363 76	54	366 16	14	368 56	74	370 96	34	373 36
35	361 40	95	363 80	55	366 20	15	368 60	75	371 00	35	373 40
36	361 44	96	363 84	56	366 24	16	368 64	76	371 04	36	373 44
37	361 48	97	363 88	57	366 28	17	368 68	77	371 08	37	373 48
38	361 52	98	363 92	58	366 32	18	368 72	78	371 12	38	373 52
39	361 56	99	363 96	59	366 36	19	368 76	79	371 16	39	373 56
40	361 60	91 00	364 00	60	366 40	20	368 80	80	371 20	40	373 60
90 41	361 64	91 01	364 04	91 61	366 44	92 21	368 84	92 81	371 24	93 41	373 64
42	361 68	02	364 08	62	366 48	22	368 88	82	371 28	42	373 68
43	361 72	03	364 12	63	366 52	23	368 92	83	371 32	43	373 72
44	361 76	04	364 16	64	366 56	24	368 96	84	371 36	44	373 76
45	361 80	05	364 20	65	366 60	25	369 00	85	371 40	45	373 80
46	361 84	06	364 24	66	366 64	26	369 04	86	371 44	46	373 84
47	361 88	07	364 28	67	366 68	27	369 08	87	371 48	47	373 88
48	361 92	08	364 32	68	366 72	28	369 12	88	371 52	48	373 92
49	361 96	09	364 36	69	366 76	29	369 16	89	371 56	49	373 96
50	362 00	10	364 40	70	366 80	30	369 20	90	371 60	50	374 00
90 51	362 04	91 11	364 44	91 71	366 84	92 31	369 24	92 91	371 64	93 51	374 04
52	362 08	12	364 48	72	366 88	32	369 28	92	371 68	52	374 08
53	362 12	13	364 52	73	366 92	33	369 32	93	371 72	53	374 12
54	362 16	14	364 56	74	366 96	34	369 36	94	371 76	54	374 16
55	362 20	15	364 60	75	367 00	35	369 40	95	371 80	55	374 20
56	362 24	16	364 64	76	367 04	36	369 44	96	371 84	56	374 24
57	362 28	17	364 68	77	367 08	37	369 48	97	371 88	57	374 28
58	362 32	18	364 72	78	367 12	38	369 52	98	371 92	58	374 32
59	362 36	19	364 76	79	367 16	39	369 56	99	371 96	59	374 36
60	362 40	20	364 80	80	367 20	40	369 60	93 00	372 00	60	374 40

QUANTITÉS	Droit	QUANTITÉS	Droit	QUANTITÉS	Droit	QUANTITÉS	Droit	QUANTITÉS	Droit	QUANTITÉS	Droit
lit. c.	fr. c.	lit. c.	fr. c.	lit. c.	fr. c.	lit. c.	fr. c.	lit. c.	fr. c.	lit. c.	fr. c.
93 61	374 44	94 21	376 84	94 81	379 24	95 41	381 64	96 01	384 04	96 61	386 44
62	374 48	22	376 88	82	379 28	42	381 68	02	384 08	62	386 48
63	374 52	23	376 92	83	379 32	43	381 72	03	384 12	63	386 52
64	374 56	24	376 96	84	379 36	44	381 76	04	384 16	64	386 56
65	374 60	25	377 00	85	379 40	45	381 80	05	384 20	65	386 60
66	374 64	26	377 04	86	379 44	46	381 84	06	384 24	66	386 64
67	374 68	27	377 08	87	379 48	47	381 88	07	384 28	67	386 68
68	374 72	28	377 12	88	379 52	48	381 92	08	384 32	68	386 72
69	374 76	29	377 16	89	379 56	49	381 96	09	384 36	69	386 76
70	374 80	30	377 20	90	379 60	50	382 00	10	384 40	70	386 80
93 71	374 84	94 31	377 24	94 91	379 64	95 51	382 04	96 11	384 44	96 71	386 84
72	374 88	32	377 28	92	379 68	52	382 08	12	384 48	72	386 88
73	374 92	33	377 32	93	379 72	53	382 12	13	384 52	73	386 92
74	374 96	34	377 36	94	379 76	54	382 16	14	384 56	74	386 96
75	375 00	35	377 40	95	379 80	55	382 20	15	384 60	75	387 00
76	375 04	36	377 44	96	379 84	56	382 24	16	384 64	76	387 04
77	375 08	37	377 48	97	379 88	57	382 28	17	384 68	77	387 08
78	375 12	38	377 52	98	379 92	58	382 32	18	384 72	78	387 12
79	375 16	39	377 56	99	379 96	59	382 36	19	384 76	79	387 16
80	375 20	40	377 60	95 00	380 00	60	382 40	20	384 80	80	387 20
93 81	375 24	94 41	377 64	95 01	380 04	95 61	382 44	96 21	384 84	96 81	387 24
82	375 28	42	377 68	02	380 08	62	382 48	22	384 88	82	387 28
83	375 32	43	377 72	03	380 12	63	382 52	23	384 92	83	387 32
84	375 36	44	377 76	04	380 16	64	382 56	24	384 96	84	387 36
85	375 40	45	377 80	05	380 20	65	382 60	25	385 00	85	387 40
86	375 44	46	377 84	06	380 24	66	382 64	26	385 04	86	387 44
87	375 48	47	377 88	07	380 28	67	382 68	27	385 08	87	387 48
88	375 52	48	377 92	08	380 32	68	382 72	28	385 12	88	387 52
89	375 56	49	377 96	09	380 36	69	382 76	29	385 16	89	387 56
90	375 60	50	378 00	10	380 40	70	382 80	30	385 20	90	387 60
93 91	375 64	94 51	378 04	95 11	380 44	95 71	382 84	96 31	385 24	96 91	387 64
92	375 68	52	378 08	12	380 48	72	382 88	32	385 28	92	387 68
93	375 72	53	378 12	13	380 52	73	382 92	33	385 32	93	387 72
94	375 76	54	378 16	14	380 56	74	382 96	34	385 36	94	387 76
95	375 80	55	378 20	15	380 60	75	383 00	35	385 40	95	387 80
96	375 84	56	378 24	16	380 64	76	383 04	36	385 44	96	387 84
97	375 88	57	378 28	17	380 68	77	383 08	37	385 48	97	387 88
98	375 92	58	378 32	18	380 72	78	383 12	38	385 52	98	387 92
99	375 96	59	378 36	19	380 76	79	383 16	39	385 56	99	387 96
94 00	376 00	60	378 40	20	380 80	80	383 20	40	385 60	97 00	388 00
94 01	376 04	94 61	378 44	95 21	380 84	95 81	383 24	96 41	385 64	97 01	388 04
02	376 08	62	378 48	22	380 88	82	383 28	42	385 68	02	388 08
03	376 12	63	378 52	23	380 92	83	383 32	43	385 72	03	388 12
04	376 16	64	378 56	24	380 96	84	383 36	44	385 76	04	388 16
05	376 20	65	378 60	25	381 00	85	383 40	45	385 80	05	388 20
06	376 24	66	378 64	26	381 04	86	383 44	46	385 84	06	388 24
07	376 28	67	378 68	27	381 08	87	383 48	47	385 88	07	388 28
08	376 32	68	378 72	28	381 12	88	383 52	48	385 92	08	388 32
09	376 36	69	378 76	29	381 16	89	383 56	49	385 96	09	388 36
10	376 40	70	378 80	30	381 20	90	383 60	50	386 00	10	388 40
94 11	376 44	94 71	378 84	95 31	381 24	95 91	383 64	96 51	386 04	97 11	388 44
12	376 48	72	378 88	32	381 28	92	383 68	52	386 08	12	388 48
13	376 52	73	378 92	33	381 32	93	383 72	53	386 12	13	388 52
14	376 56	74	378 96	34	381 36	94	383 76	54	386 16	14	388 56
15	376 60	75	379 00	35	381 40	95	383 80	55	386 20	15	388 60
16	376 64	76	379 04	36	381 44	96	383 84	56	386 24	16	388 64
17	376 68	77	379 08	37	381 48	97	383 88	57	386 28	17	388 68
18	376 72	78	379 12	38	381 52	98	383 92	58	386 32	18	388 72
19	376 76	79	379 16	39	381 56	99	383 96	59	386 36	19	388 76
20	376 80	80	379 20	40	381 60	96 00	384 00	60	386 40	20	388 80

QUANTITÉS lit.	c.	Droit fr.	c.	QUANTITÉS lit.	c.	Droit fr.	c.	QUANTITÉS lit.	c.	Droit fr.	c.	QUANTITÉS lit.	c.	Droit fr.	c.	QUANTITÉS lit.	c.	Droit fr.	c.	QUANTITÉS lit.	c.	Droit fr.	c.
97	21	388	84	97	81	391	24	98	41	393	64	99	01	396	04	99	61	398	44	99	81	399	24
	22	388	88		82	391	28		42	393	68		02	396	08		62	398	48		82	399	28
	23	388	92		83	391	32		43	393	72		03	396	12		63	398	52		83	399	32
	24	388	96		84	391	36		44	393	76		04	396	16		64	398	56		84	399	36
	25	389	00		85	391	40		45	393	80		05	396	20		65	398	60		85	399	40
	26	389	04		86	391	44		46	393	84		06	396	24		66	398	64		86	399	44
	27	389	08		87	391	48		47	393	88		07	396	28		67	398	68		87	399	48
	28	389	12		88	391	52		48	393	92		08	396	32		68	398	72		88	399	52
	29	389	16		89	391	56		49	393	96		09	396	36		69	398	76		89	399	56
	30	389	20		90	391	60		50	394	00		10	396	40		70	398	80		90	399	60
97	31	389	24	97	91	391	64	98	51	394	04	99	11	396	44	99	71	398	84	99	91	399	64
	32	389	28		92	391	68		52	394	08		12	396	48		72	398	88		92	399	68
	33	389	32		93	391	72		53	394	12		13	396	52		73	398	92		93	399	72
	34	389	36		94	391	76		54	394	16		14	396	56		74	398	96		94	399	76
	35	389	40		95	391	80		55	394	20		15	396	60		75	399	00		95	399	80
	36	389	44		96	391	84		56	394	24		16	396	64		76	399	04		96	399	84
	37	389	48		97	391	88		57	394	28		17	396	68		77	399	08		97	399	88
	38	389	52		98	391	92		58	394	32		18	396	72		78	399	12		98	399	92
	39	389	56		99	391	96		59	394	36		19	396	76		79	399	16		99	399	96
	40	389	60	98	00	392	00		60	394	40		20	396	80		80	399	20	100	00	400	00
97	41	389	64	98	01	392	04	98	61	394	44	99	21	396	84								
	42	389	68		02	392	08		62	394	48		22	396	88								
	43	389	72		03	392	12		63	394	52		23	396	92								
	44	389	76		04	392	16		64	394	56		24	396	96								
	45	389	80		05	392	20		65	394	60		25	397	00								
	46	389	84		06	392	24		66	394	64		26	397	04								
	47	389	88		07	392	28		67	394	68		27	397	08								
	48	389	92		08	392	32		68	394	72		28	397	12								
	49	389	96		09	392	36		69	394	76		29	397	16								
	50	390	00		10	392	40		70	394	80		30	397	20								
97	51	390	04	98	11	392	44	98	71	394	84	99	31	397	24								
	52	390	08		12	392	48		72	394	88		32	397	28								
	53	390	12		13	392	52		73	394	92		33	397	32								
	54	390	16		14	392	56		74	394	96		34	397	36								
	55	390	20		15	392	60		75	395	00		35	397	40								
	56	390	24		16	392	64		76	395	04		36	397	44								
	57	390	28		17	392	68		77	395	08		37	397	48								
	58	390	32		18	392	72		78	395	12		38	397	52								
	59	390	36		19	392	76		79	395	16		39	397	56								
	60	390	40		20	392	80		80	395	20		40	397	60								
97	61	390	44	98	21	392	84	98	81	395	24	99	41	397	64								
	62	390	48		22	392	88		82	395	28		42	397	68								
	63	390	52		23	392	92		83	395	32		43	397	72								
	64	390	56		24	392	96		84	395	36		44	397	76								
	65	390	60		25	393	00		85	395	40		45	397	80								
	66	390	64		26	393	04		86	395	44		46	397	84								
	67	390	68		27	393	08		87	395	48		47	397	88								
	68	390	72		28	393	12		88	395	52		78	397	92								
	69	390	76		29	393	16		89	395	56		49	397	96								
	70	390	80		30	393	20		90	395	60		50	398	00								
97	71	390	84	98	31	393	24	98	91	395	64	99	51	398	04								
	72	390	88		32	393	28		92	395	68		52	398	08								
	73	390	92		33	393	32		93	395	72		53	398	12								
	74	390	96		34	393	36		94	395	76		54	398	16								
	75	391	00		35	393	40		95	395	80		55	398	20								
	76	391	04		36	393	44		96	395	84		56	398	24								
	77	391	08		37	393	48		97	395	88		57	398	28								
	78	391	12		38	393	52		98	395	92		58	398	32								
	79	391	16		39	393	56		99	395	96		59	398	46								
	80	391	20		40	393	60	99	00	396	00		60	398	40								

Hectolitres.

QUANTITÉS lit.	Droit fr.	QUANTITÉS lit.	Droit fr.	QUANTITÉS lit.	Droit fr.
1	400	11	4400	21	8400
2	800	12	4800	22	8800
3	1200	13	5200	23	9200
4	1600	14	5600	24	9600
5	2000	15	6000	25	10000
6	2400	16	6400	26	10400
7	2800	17	6800	27	10800
8	3200	18	7200	28	11200
9	3600	19	7600	29	11600
10	4000	20	8000	30	12000

LIBRAIRIE ADMINISTRATIVE P. OUDIN, A POITIERS

REGISTRES A L'USAGE DES MARCHANDS EN GROS DE BOISSONS

AUGMENTATION DE 15 % PENDANT LA GUERRE

Registre à souche de déclaration (demande d'acquit ou de congé)

Il y a sept modèles différents de ce registre :

N° 1. imprimé sur format 28 ✕ 35. Ce registre sert pour les vins et les alcools. Il a trois déclarations au feuillet.

Registre à 100 feuillets, 3 » *franco* 3 65. — Registre à 300 feuillets, 7 » *franco* 7 85
— à 200 — 5 » — 5 85. — — à 400 — 9 » — 10 05

N° 2 même format que le précédent, **sur papier de couleur (rose, rouge, jaune, vert ou bleu).**

— La disposition typographique de ces registres est la même que pour les registres sur papier blanc ; mais il n'a été fait que des registres à 200 feuillets, au prix de 5 francs l'un, *franco.* 5 fr. 85.

N° 3. Ce registre de demandes d'acquits ou de congés, imprimé sur format 33 ✕ 50, sert à la fois pour les vins, les alcools, les vermouts, absinthes et amers, 3 déclarations au feuillet.

Registre à 100 feuillets, 5 » *franco* 5 65. — Registre à 300 feuillets, 9 » *franco* 10 50
— à 200 — 7 » — 8 05. — — à 400 — 11 » — 12 50

N° 4. Ce modèle a un cadre spécial pour les entrées. Ces registres contiennent 200 feuillets : 1/5 pour les déclarations et 25 (*recto verso*) pour les entrées. Il y a 2 soumissions au feuillet et 6 lignes par soumission. Il est imprimé sur format 25 ✕ 40. Prix du registre : 8 ».

N° 5, imprimé sur format 35 ✕ 27, sert pour toutes les boissons spiritueuses dans les campagnes et villes sans octroi. Ces registres contiennent au verso de la souche des tableaux d'entrée et de sortie pouvant remplacer le portatif.

Registre à 100 feuillets, 3 » *franco* 3 65. — Registre à 300 feuillets, 7 » *franco* 7 85
— à 200 — 5 » — 5 85. — — à 400 — 9 » — 10 05

N° 6, imprimé sur format 45 ✕ 32, sert pour toutes les boissons spiritueuses dans les villes à octroi. Ce modèle comporte, comme le modèle précédent, une souche pour la tenue du compte de magasin.

Registre à 100 feuillets, 5 » *franco* 5 85. — Registre à 300 feuillets, 9 » *franco* 10 50
— à 200 — 7 » — 8 05 — — à 400 — 11 » — 12 50

N° 7, imprimé sur format 50 ✕ 32, sert pour toutes les localités et tous les genres de commerce. Ce registre contient au verso de la souche des tableaux d'entrée et de sortie tenant lieu de portatif.

Registre à 100 feuillets, 5 50 *franco* 6 35. — Registre à 300 feuillets, 9 90 *franco* 11 50
— à 200 — 7 70 — 8 75. — — à 400 — 12 10 — 13 60

Demandes d'expéditions pour négociant cautionné de toutes les localités, détenant toutes sortes de boissons spiritueuses. Le cent, 1 fr., *franco* 1 fr. 25 ; le mille, 8 fr., *franco* 9 fr.

Demandes d'expéditions (acquit ou congé) pour les vins et les alcools, sur feuilles volantes, grand in-8°. Le cent 1 fr., *franco* 1 fr. 25. ; le mille 8 fr., *franco* 9 fr.

Demandes d'expéditions pour négociant non cautionné sur papier blanc. Le cent, 1 fr., *franco* 1 fr. 25 ; le mille. 8 fr., *franco* 9 fr.

Demandes d'expéditions (acquit ou congé) sur feuilles volantes, servant à la fois pour les vins, les alcools, les vermouts, absinthes, amers, etc., in-8°. Le cent. 1 fr. 25, *franco* 1 fr. 50 ; le mille, 10 fr., *franco* 11 fr. 50.

Registre à souche de soumission de spiritueux, contenant, outre les renseignements, des demandes d'expéditions ordinaires, des colonnes disposées pour recevoir la tare des fûts, le poids net, le vide en centimètres, etc.

Registre à 100 feuillets, 4 » *franco* 4 85. — Registre à 300 feuillets, 8 » *franco* 8 85
— à 200 — 6 » — 6 85. — — à 400 — 10 » — 11 05

Ces registres ont trois déclarations au feuillet.

REGISTRES PORTATIFS D'ENTRÉE ET DE SORTIE

Il y a six modèles différents du registre portatif 50 A :

Modèle n° 1, imprimé sur format carré 21 ✕ 27, destiné aux négociants qui ne vendent que des vins et des alcools.

Registre à 100 feuillets, 2 25 *franco* 2 65. — Registre à 250 feuillets, 4 75 *franco* 5 60
— à 150 — 3 » — 3 50. — — à 300 — 5 50 — 6 35
— à 200 — 3 90 — 4 50. — Ces registres sont solidement cartonnés.

Modèle n° 2, imprimé sur format raisin (31 ✕ 24).

Registre à 100 feuillets, 2 75 *franco* 3 35. — Registres à 250 feuillets, 6 » *franco* 6 85
— à 150 — 4 » — 4 75. — — à 300 — 7 » — 7 85
— à 200 — 5 » — 5 85. — Ces Registres sont reliés pleine toile.

Modèle n° 3, imprimé sur format 33 ✕ 26, en rapport avec la loi du 29 janvier 1907. Registre d'entrées et de sorties, contenant des colonnes spéciales pour les absinthes, vermouts, amers, etc., et permettant aussi de fournir sans recherches les renseignements nécessaires au contrôle du taux des patentes.

Registre de 100 feuillets, 3 25 *franco* 3 90. — Registre de 200 feuillets, 6 » *franco* 6 85
— 150 — 4 75 — 5 60. — — 250 — 7 » — 7 85
Registres de 300 feuillets, 8 » *franco* 8 25.

Modèle n° 4, imprimé sur format 28 ✕ 22, destiné aux négociants des communes sans octroi détenant toutes sortes de boissons spiritueuses ou une partie seulement de ces boissons.

Registre à 100 feuillets, 2 75 *franco* 3 35. — Registre à 250 feuillets, 4 75 *franco* 5 60
— à 150 — 4 » — 4 75. — — à 300 — 5 50 — 6 35
— à 200 — 5 » — 5 85. — Ces registres sont solidement cartonnés.

Modèle n° 5, imprimé sur format 28 ✕ 22, destiné aux négociants détenant des vins, cidres, poirés et hydromels, des spiritueux non surtaxables et des vermouts et vins de liqueur ou une partie seulement de ces boissons. *Même prix que le n° 4.*

Modèle n° 6, imprimé sur format 35 ✕ 25, destiné aux marchands en gros détenant toutes sortes de boissons spiritueuses.
Même prix que le n° 3.

www.ingramcontent.com/pod-product-compliance
Lightning Source LLC
Chambersburg PA
CBHW061238030726
47595CB00004B/1602